日系社長の経営力を格段に上げる!

ベトナム会計のトリセツ

Vietnam

菅野智洋 著

セルバ出版

本書の目的は、海外で働く経営者の「会計スキル」の問題を解決して、あななたが持つ最大のパフォーマンスを引き出し経営管理のレベルを向上させることです。

はじめに

会社を持続させるためには会計スキルが不可欠

　ベトナムで社長として就任された方は、いろいろ苦労されている方が多いかと思います。それは、言葉の違い、食事の違い及び文化の違いがある環境だから当然です。そして、会計については本当に苦労されている姿を見ます。
　その主な理由として日本で働いているときは会計とは一切かかわりのなかった仕事をされてきたことが挙げられます。 しかし、社長として会計を疎かにすることはできません。
　なぜ、あなたは会計を無視すると不幸になるのか？　学ぶ必要があるのか？　その理由を一言で表せば、
「会社を持続させるためには会計スキルが必要不可欠だから」
です。

　あなたは社長として世の中に価値を与えてお金を稼ぐ必要があります。そのために、会計というツールは絶対に無視できません。もしあなたが、会計を無視してしまえば、それは少し過激になりますが、倒産する可能性が 高まることを意味します。
　最近、日本でもニュースで目にしますが、倒産の理由の１つとして「既往のしわよせ」があげられます。これは、いわゆる「ゆでガエル」の状態を指します。徐々に悪化している経営状況にも関わらず、その現実を注視せずに具体的な対策を講じないまま過去の資産を食い潰してくことで倒産を招きます。
　会計による決算書はよく私たちの健康状態と喩えられることがあります。
　このように喩えるとスーッと腑（ふ）に落ちるのではないでしょうか？
　あなたの子供のことを想像してみてください。
　その子が一晩中泣いている。それにも関わらず、親であるあなたはその状態に全く気が付かずにほったらかしにしてしまい、最終的にあなたの子供が死んでしまう。挙げ句の果てに家族がめちゃくちゃになってしまう。

とても乱暴な言い方になってしまいましたが、会計もこれに当てはめることができます。会社（子供）に危機、危険が来るとそれは必ず数値として決算書に現れてきます。
社長（親）はそれを認識してその危機に対してきちんと対処をし経営（家族）を立て直す必要があるのです。つまり、決算書から会社の実態を読み取れないということは親の義務を放棄しているとも言えます。あなたの行動を変えるため決算書を見るのです。

決算書には必ずあなたの会社の「ビジネスの実態」が反映されます。決算書を知らないということは、ビジネスを無視していると同意義です。ビジネスを無視している社長なんて聞いたことないですよね。
とはいえ、冒頭でも申し上げた通り私の経験上、ベトナムの子会社の社長に赴任される方は、「会計なんてやったことない。苦手。面倒だ」というケースがほとんどです。
私は、グローバルの大手のコンサルファームでの約７年の経験、インドでの製造業の財務責任者としての経験３年、そして、2016年からベトナムで実際に、会計の専門家として、そして、経営者として、社長様のビジネス支援を約６年間してきました。
本書はその中で実際に効果のあったノウハウをまとめたコンテンツとなっています。「公認会計士だから…」「なんか難しそうな専門用語使いそうだな」と思われる人もいるかもしれません。
でも、ご安心ください。海外で経理の経験のない社長様を支援してきたなかで専門用語をなるべく使わず、身近な言葉を使ったり、喩え、図解を多用して説明するスキルを身につけることができました。それに加えて、もともと、私は堅苦しい文章がすごく苦手に感じていたことも要因としてあります。監査法人時代のレポートを作成する過程で、堅苦しい専門用語のオンパレード、そしてなんの感情もない論理的な文章をひたすら書いて上司に提出してはダメ出しをくらう毎日でした。
頭が痛くなるくらい苦手だという経験があったので、専門用語だらけ、論理だらけの文章は嫌いです。この事実に加え、ベトナムでマナボックスの出資者・経営者になってからセールスライティングを学ぶことに没頭した時期がありました。
その中で、わかりやすく「感情」に訴える文章に魅了されました。どんなに賢そうでも、その人に伝わらない、文章を読んで読み手の行動が変わらなければ意味がありません。なるべく「これ私のことだ」と思ってもらえるような表現にしています。
本書の目的を端的に言えば、「あなたが決算書から、会社の実態（痛み・喜び）を読み取り、経営を変えることによってよりいい会社に変化」していくことです。
そのために「会計の仕組み」「勘定科目」「ベトナム会計の実務的な学び方」という領域に絞っています。本来、会計とはもっともっと幅広い知識によって構成されていますが、一般的な会計書籍の内容の８割くらいは削除しました。

本書の構成とその狙い

このように会計が嫌い・経理が苦手である社長様が、会計って実はおもしろいな、現場の実態がこう決算書に反映されるんだな、と理解でできるように説明していきますのでご安心してください。
本書は３部構成となっています。１部の「会計の重要性を理解する」、２部の「会計の仕組みを理解する」、３部「会計を使えるようにする」です。そのうえで各章で構成されています。
まず、第１章では「なぜ、社長は会計を無視できないのか？」について４つの理由についてお伝えします。この章を読んでいただければ、よし、会計を学んでやるぞ！　と感じていただけるはずです。
そして、第２章では「なぜ、ベトナムに赴任した社長様は、会計・決算書について苦手意識を持ってしまうのか？」について５つの理由を説明します。本書のテーマである「決算書とビジネスをつなげて、会社の現実を変える」という目的を達成してもらうためには、まず、苦手意識、遠ざけてしまう理由を明確にすることが必要だからです。そのうえでこの苦手マインドブロックの４つの外し方についてお伝えします。

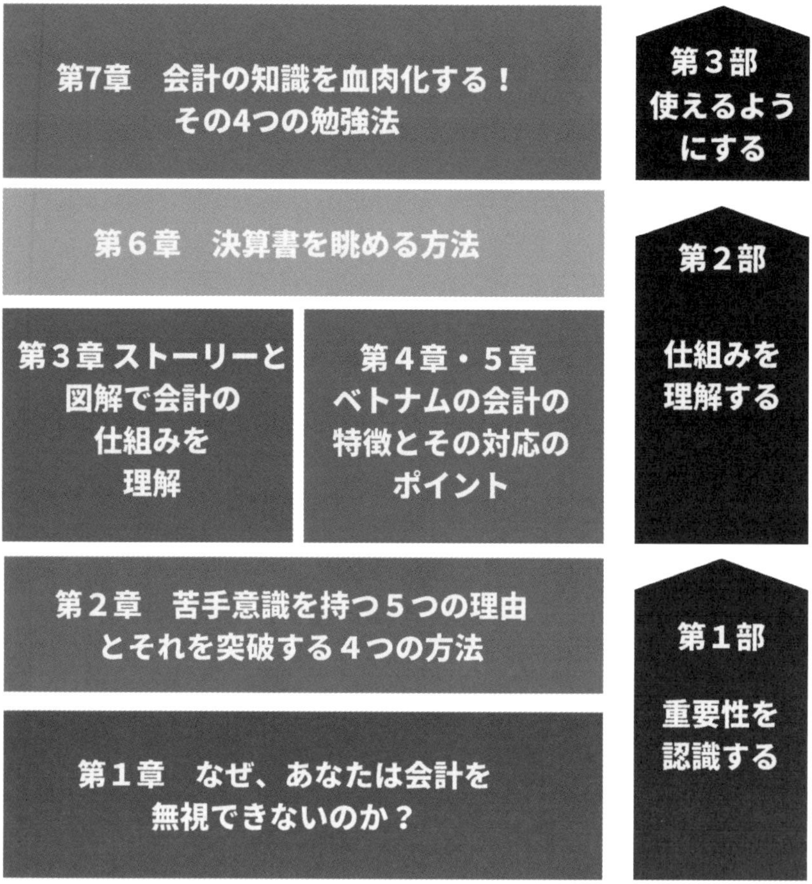

第7章　会計の知識を血肉化する！
その4つの勉強法

第３部
使えるよう
にする

第６章　決算書を眺める方法

第３章 ストーリーと
図解で会計の
仕組みを
理解

第４章・５章
ベトナムの会計の
特徴とその対応の
ポイント

第２部
仕組みを
理解する

第２章　苦手意識を持つ５つの理由
とそれを突破する４つの方法

第１章　なぜ、あなたは会計を
無視できないのか？

第１部
重要性を
認識する

続いて２部の「会計の仕組みを理解する」です。第３章ではそもそもこれまでの会計の経験のない人のために、会計の仕組みをわかりやすく解説します。決算書を見ればビジネスの様子が３Ｄのように頭に思い浮かぶことが大切です。社長であるあなたは会社のビジネスにとても精通しているはずです。この点を利用しビジネスのストーリーと図解を多く利用して解説します。このストーリーとリンクさせながら会計を学ぶことが非常に効果的だからです。

第４章では日系企業が感じるわかりにくい部分に着目しベトナムの会計の特徴をお伝えします。この特徴を理解した上で実務上必要な対応方法も解説します。本書の目的を最速で達成するため、多くのベトナム会計の特徴がありますが、３つの重要なポイントに絞って解説します。そして第５章からはこの「ベトナム会計のわかりにくい」を解決するための実務的なノウハウについてお伝えします。

第６章では「決算書をどのように見るのか？」について解説します。よく社長様から会計についてなんとなく理解したけれども、具体的にどのように決算書を見ていけばいいのか？　わからないという質問をよくいただきます。その４つのポイントとコツについてお伝えします。

最後のパートは３部の「会計を使えるようにする」です。第７章では、実際にどのようなことを意識して、会計知識をあなたの血肉にしていくのか？について実践的な方法をお伝えします。会計の構造を学んだとしてもそれを実践しないと意味がありません。使わないと何も変わらないからです。

つまり本当の知識としてアウトプットできるレベルにならないと意味がありません。私がこれまで実際に海外での社長様を支援するときに利用し、効果的であり、なおかつ、科学的な勉強法も踏まえて解説します。

会計とビジネスをつなげて、あなたの会社・人生を変える

本書を執筆しているのは2022年ですが、ベトナムでの日系企業の進出はこれからも伸びていくと思います。なぜならば、日本市場の縮小化や高齢化という問題があり、グローバルで勝負していかないといけない状況にあるからです。そして、ベトナムは、今後より日本にとって重要なパートナーとなっていくでしょう。その中で、会計というある意味、普遍的なテーマを理解していないがためにビジネスで失敗するという姿を私は見たくはありません。

ではもう一度、念押しします。「会計とビジネスをつなげて、あなたの会社、そして人生を変える」これに挑戦していきましょう！

2022年12月

菅野　智洋

目次

第１部　会社の重要性を「認識」する

第２部　会計の仕組みを「理解」する

第３部　会計を「使える」ようにする

第1部　会計の重要性を「認識」する

第1章
なぜ、社長は会計を無視できないのか？

「会計がわからんで経営ができるか？」

この言葉は、経営の神様である稲盛和夫氏の言葉です。

実に強烈です。これは、『稲盛和夫の実学―経営と会計』（稲盛和夫著、日系ビジネス人文庫）での言葉です。この書籍には、経営者が会計を学ぶ理由の答えが記載されています。是非、読んでほしい1冊です。

おそらく、会計というと経理のおばちゃんや簿記などのイメージがあり、経営とは無関係かと感じている人もいるかもしれません。「経理はね、うちの経理の担当者にまかせているから大丈夫」という言葉をよく現地社長から聞きます。

しかし、それは間違っています。そのことを稲盛和夫氏がきちんと指摘してくれています。会計が経営と切り離せないことは明白です。加えて、ここから先はこの点も踏まえ、私自身のインドやベトナム、海外で経営者と向き合ってきた経験に基づいて会計を学ぶ意味合いについて述べたいと思います。

理由は次の4つです。

①会計と経営は密接に関連している
② 500年の歴史がある普遍的な知識
③グローバル言語である
④海外不正を防止するために

順に説明してきましょう。

1【社長が会計を学ぶ意味①】会計と経営は密接に関連している

「会計を知らない」ことはビジネスを知らないことと同義語

繰り返しになりますが、会計と経営、つまりビジネスは密接に結びついています。したがって「会計を知らない」ことはビジネスを知らないことと同意義です。

例えば、次の著名な経営者も会計の大事さを強く主張しています。

・稲盛和夫氏（京セラ）

・孫正義氏（ソフトバンク）
・柳井正氏（ユニクロ）
・松本晃氏（カルビー）

私の好きな経営者というフィルターが入っているかもしれませんが、どの人も偉人です。それぞれ見ていきましょう。

「会計がわからんで経営ができるか？」

例えば、稲盛和夫氏はこの章の冒頭でお伝えした通り、「会計がわからんで経営ができるか？」と言っています。私なりに、この書籍の内容を超訳すると、次のようになります。

「経営者は、財務諸表から、会社のうめき声が聞こえなければいけない。このうめき声から、会社の戦略を立て、従業員の心を大事にし、会社をよりよくしていくのが社長の使命だ」

稲盛氏の「うめき声を聞こえなければいけない」これはとても心に突き刺さる言葉ですよね。すなわち、会社のストーリーを財務諸表から読み取れなければいけないと主張しています。

そして、この超訳には重要な２つのエッセンスが入っています。それはこの書籍のテーマである「会計」及び「従業員の心」です。別な言い方をすれば「会計」がわからなければ「従業員の心」もわかり得ないということでしょう。

このように「従業員の心」とも関連してくるとなると、「会計」の重要性を認識していただけるのではないでしょうか？

会計を知らないと出世できない？

次に、孫正義氏の会計に対する考え方ですが、次の発言からもわかるように会計を重要視しています。

「会計とテクノロジーを知ってる奴しか出世できない」

これも強烈な言葉です。孫正義氏の会計の知識は、会計の専門家の公認会計士より、ある面では優れているという意見もあります。また、同氏が、ソフトバンクグループで働く社員に必須のスキルとして備えてほしいと掲げる

４つの柱として、英語、テクノロジー、統計学、そしてファイナンスがあります。ファイナンスと会計は密接に関連しています。

会社をよくするための会計の仕組みづくり

続いて、ユニクロの柳井正氏の考え方です。ユニクロはベトナムにも進出しており、ベトナム人でもとても人気です。プレゼントとしてもとても喜んでもらえます。

柳井氏も、会計を重要視している経営者として有名です。その中でも次のエピソードが心に残りました。それは、2018年の公認会計士制度70周年記念講演でのお話です。次の言葉は会計の専門家である公認会計士に向けた言葉です。

「会計、損益計算書、貸借対照表、会計原則。これらの仕組みをつくり、会社の経営をわかりやすく見えるようにする。どうやって会社の経営をよくするのか。

大事なことは、数字の背後にあるそれぞれのビジネスの本質、勘どころを掴んで、経営資源を再配置して、最適なパートナーと今後の成長プランを練り、収益を上げ、社員とともに成長して成功すべく、計画をつくり実行することじゃないかなと思います」

この言葉からも、会計の経営に与える影響がとても重大であるということが理解できます。会社の実態を決算書から読み取り、経営をより良くするというメッセージが強く伝わってきますよね。

会計は一生使える知識である

最後に、カルビーの社長などを務めた松本晃氏も経営者にとって重要なスキルとして会計を取り上げ、次のように言及しています。

「会計は最低限、財務諸表が読めるレベルは必要です。私は農学部出身でしたから、新卒で伊藤忠商事に入社したとき、貸方、借方、バランスシートや、損益計算書などが全然わからず、徹底的に勉強しました。最初にある程度のところまでしっかり勉強したら、一生使えます」

この「一生使える」というところがポイントでしょう。つまり、貴重な時間を使って学んだとしもあなたの人生において損することはありません。

2【社長が会計を学ぶ意味②】500年の歴史がある普遍的な知識

普遍的な知識とは

社長が会計を学ぶ意味、ベネフィットとして２つ目に指摘したいのが、その普遍性です。

会計の歴史をご存知でしょうか？　なんと500年もの長い歴史があるのです。会計や簿記について苦手と感じる人であっても、レオナルド・ダ・ヴィンチはご存知の人は多いでしょう。

「最後の晩餐」という絵はとても有名ですよね。信じられないかもしれませんが、簿記の普及に大きな影響を及ぼすことに関連していた人物はレオナルド・ダ・ヴィンチだったのです。簿記と会計の違いについては詳しく述べません。簿記は、会計のための記録の技術であって会計の一部であるくらいの理解で問題ありません。

詳しく説明すると、簿記を発明したといわれるルカ・パチョーリという人がレオナルドの先生だったのです。レオナルドは「最後の晩餐」を描くにあたり、数学の要素を取り入れていました。その際、1494年ヴェネチアで出版された『算術・幾何・比及び比例全書（スンマ）』を参考にしていたのです。

なんとこの書籍の作者がルカ・パチョーリなのです。その数学の本『スンマ』には簿記についても説明している箇所があり、それが簿記の起源だと言われています。なんとも興味深い歴史ですよね。会計と歴史を紐付けている書籍としては、次の書籍がとても素晴らしいので是非読んでみてください。

『会計の世界史　イタリア、イギリス、アメリカ－500年の物語』（田中靖浩著、日経ＢＰＭ（日本経済新聞出版本部））

そして、なんと複式簿記の考え方は500年経った現在でも変わりません。テクノロジーの発展により、めまぐるしく環境が変化していき、必要な知識やノウハウはたった数年単位で変化している状況です。

例えばですが、３年前に学んだ知識が数年後には使えなくなっているといった状況になっています。なんとも酷な時代ですよね。そんな中、会計の知識は500年も続く歴史があります。別な言い方をすれば、哲学や心理学と同様にあなたがずっと使える普遍的な知識なのです。

3【社長が会計を学ぶ意味③】グローバル言語である

会計のスキルがあれば世界中の人と対話できる

会計は世界共通言語です。したがって、このスキルがあればどんな国の人であって、どんな世代・立場の人とも対話できるようになります。②で500年の歴史があることとも関連しますが、会計は世界中で利用されています。社会主義だろうが、国家の思想が異なろうが関係ありません。世界共通です。

そういった意味で英語よりもグローバルだと言えます。例えばあなたが会計の知識を持っていればベトナムに限らず、タイ、インド、ミャンマー、シンガポール、イギリス、アメリカなど、どんな国で働いたとしてもその知識は活かせます。

海外、ベトナムでの大きな一番の悩みはなんでしょうか？　それは現地の人とのコミュニケーションです。これがなかなかうまくいきません。育ってきた環境、文化及び言語の違いなどが背景として挙げられるでしょう。最近の遺伝学によると人間の性格の半分は遺伝ですが、残りの半分は外部環境で決定されるようです。

具体例をお話します。それはベトナムの交通事情です。ベトナムでは信号を守ることことがあまりありません。ただ、個々が危険をあらかじめ認識して行動、つまり、誰も信号を守らないという前提で運転することから、市内では交通事故が防止できているエコシステムのようなものが存在し、大きな事故が防止できている側面もあります。

このようにそれぞれの国の背景が異なることから、海外ではコミュニケーションコストが非常に高くつきます。具体的に言うと3日で終わるはずのことが、3週間かかってしまっている。30分でおわる議題かなと思っていたらこれを解決するために1日かかってしまった。などなど。このような話はよく聞きます。

これは海外ならではの悩みで、非常に重大な課題だと感じています。というのは、お金はうまくやれば増やせますが、私たちの時間は増やせないからです。この非効率なコミュニケーションコストを効率的に減らすことで、ビジネス、つまり、お金だけでなく、時間という意味であなたの幸福度にも関連してくるでしょう。

会計力を使ったコミュニケーション

私は海外歴約 10 年を通じて、やはり、海外でのコミュニケーションについて悩んできました。「え、それそうだったの？」「前言ってたのと全然違うじゃん！」ということは日常茶飯事です。時には大きな問題に発展し、とても焦った記憶もあります。

そんな中、幸運にも取り返しのつかない失敗をしなかったのは私の「会計力」のおかげです。なにか、これは危険！　だと感じたときには、「会計力」を使ってコミュニケーションをしてきました。

前述してきた通り、ビジネスと会計は密接に結びついています。そして、インパクトのある問題といえばビジネスに関連する事象ばかりです。もっと言うと、お金にかんすることがほとんどです。売上を増やしたい、コストを削減したいなどです。だからこそ、会計スキルがこのような問題を解決するためのコミュニケーションに役立つのです。

このスキルにより、実は問題の所在が全く見当違いであった点を発見できたことはたくさんあります。海外メンバーから何気ない報告であったとしても、会計的な思考を使って掘り下げていくと重要な論点であることが時々あります。お金に換算すると数千万から億円を超える影響です。反対にものすごい形相で報告される場合であっても実はまったくインパクトが小さいということもあります。

このように会計の知識があると海外子会社管理という意味で効果的なコミュニケーションが可能となります。

あなたが、特に異国の地で現地の人と深く繋がって海外での使命を果たすためには会計スキルが必須です。このように捉えると「学びたい！」と感じませんか？

4【社長が会計を学ぶ意味④】海外不正を防止するため

会計スキルで不正を減らせる

ベトナム社長が、会計を学ぶ理由として最後に掲げたいのが不正防止です。会計スキルがあれば、不正というリスクを減らすことができます。これは、本来１の会計と経営は密接に関連している、に含まれる概念ですが、あえて別にしています。なぜならば、ベトナムに限らず海外では不正リスクが高くインパクトが大きいからです。

そして、海外不正には、２つの類型があると理解する必要があります。それは、次のことです。

・「防止できない（困難）な不正」
・「防止しなければいけない不正」

それぞれ説明しましょう。

海外の防止が困難な不正とは

まず、「防止できない（困難）な不正」です。

ベトナムのような海外での新興国での大きな悩みの１つは不正です。 私も著しい経済成長中のインドで実際に体験しましたし、ベトナムで、支援させていただく中でも、不正の悩みのお話を聞きます。

典型例としては、

「なくならない袖の下」

あなたは現地子会社で不合理な賄賂（いわゆる袖の下）に遭遇するかもしれません。まだまだニュースでも話題になるように東南アジアではこれが発生しているようです。「役所が登記書類に不備があるから 1,000 ドル 要求しています」「環境局から 2,000 ドル要求されています」などです。

その他にも、まだまだビザや税関手続、税務調査などいろいろなところで発生する可能性が高いでしょう。

このような役所関係の手続など、物事が一向に進まない場合でもいわゆる「お土産」を渡すことによって進む場合もあると言われています。このようなインフォーマルな経済を全て否定することができないというのも事実です。将来的にはこのような贈賄は解消していく方向にはなっていくと思いますが。

最近では、日本でも外国公務員贈賄の防止という点でニュースになることがありますから、日本と海外現地との間で板挟みになってしまうことがあります。ジレンマですね。

賄賂は法律上で明確に禁止されています。この点は、あるべき姿をしっかりと認識しておく必要があります。

社長が防止しなければいけない不正と会計の関係

続いて、「防止しなければいけない不正」です。前記以外でも、金額的に大きくなる可能性を持つ不正が存在します。それは、「横領」です。盗み、盗難ですね。時には、数百万円から数千万円、累計で億円を超える場合もあります。

しかし、あなたが、会計の知識を得ることでこのような不正も発見・防止できるのです。なぜならば、横領のような不正が起きると財務諸表は、苦しい！　というシグナルを出すからです。会計スキルがあれば、このシグナルに気がつくことができるのです。

実際、私がインドに駐在していたときも、会計の知識を利用して大きな不正を発見することができました。どのように発見したのか？　具体的に言うと原材料比率分析です。

かいつまんでお伝えすると、原材料消費の売上（生産高）に占める割合の分析です。例えば、60の原材料を投入して100の販売価格であれば、原材料比率は60％になりますよね。製造の過程をシンプルに言えば、原材料を投入して、加工し、そして製品という流れになります。

製造過程というビジネスの流れを理解していれば、あるべき原材料が売上に占める割合が概算でも計算できます。その比率の実際が、経営陣が考えている比率よりもいつも高かったのです。

そこで、私はBOM（部品構成表）を利用し、あるべき原材料比率を製品ごとに細かく算出し、それと実際の原材料比率との比較を経営会議で報告することにしたのです。

この分析と報告を継続的にしていったところ、ある日、現場のワーカーの一人から、不正についての内部通報がありました。

それは、スクラップ・原材料の横領でした。詳細はここでは申し上げられないのですが、共謀と書類の偽造により盗難していたのです。この方法は海外でよくある手口です。いろいろな国で同様の不正が発生しています。

この不正は数年にわたり、行われておりその金額の合計は悲しいくらい多額になっていました。

ここで私が改めて学んだことは「会計の知識を利用して、分析すれば不正を発見できる」ということでした。それだけでなく、経営者層が**「きちんと現場を見ているよ」**というメッセージが現場に伝われば、大きな不正を事前に防止できるということです。

不正の発見法で一番有効なのが内部通報、次が財務分析

実際に不正の発見方法として有効な方法は財務分析です。財務分析の詳細な解説は割愛しますが、数値の比較と思ってください。この財務分析には会計の知識が前提となります。どうやって不正が発見されるのか？　という点で、内部通報、いわゆるチクリが一番有効なのですが、その次がこの財務分析です。

このように社長が会計を理解して財務諸表を分析できるということはとても重要なんですね。逆に、これを知らないと「このわかってない社長なら、盗難しても大丈夫だな」と現場の人から舐められてしまうのです。

従業員を不正から守るという思考になる

このような考えを持つことも重要でしょう。それは、経営者は「従業員を不正から守る」義務があるという考えです。不正の動機は、人間であればどうしても持ってしまうものです。性善説で考えることは正しいとは言えません。

不正に関するエピソードをお話します。私の監査法人時代の先輩から聞いたお話です。ある日本の会社の経理担当者が、銀行のお金を横領していまし

た。それを隠すために書類を偽造もしていました。「お金は、いつか返済できる。だから大丈夫」そう思っていたそうです。

ただ、人は弱い生き物です。嘘に嘘を重ねることになってしまい、横領の金額が、どんどん大きくなってしまいました。そして、ついにそれに堪えきれなくなった経理担当者は、罪の意識から、ついに自殺してしまう。というお話です。

とっても悲しくて辛いストーリーですよね。不正（横領）は、疑う余地もない犯罪なのです。

不正というと、どうしても、怒り、妄想、妬み、悲しみなど、ネガティブな印象があると思います。私もそうでした。ただ、監査法人時代の先輩のこの言葉によって、私の考えは変わりました。

「不正から従業員を守る必要がある」

これです。不正を疑う。発見する。調査する。ではなく、不正から「**従業員を守る**」に思考を変えるのです。そうすることで我々の言動も変わってきます。特にベトナムにおいての不正リスクが日本と比較して高いので、不正についてケアすることは重要です。

5　社長！　あなたは会計の専門家である必要はない！

経営者の立場はビジネス側の視点

このように会計の重要さを説明したとしても、「私は、そもそも、専門じゃないから」「それは本社の管理部門にまかせているから」と思ってしまうかもしれません。そのお気持ちはよくわかります。

しかし、それは正しくありません。なぜならば、経営者が会計・経理の専門家であった事例は基本的にないからです。先に述べた稲盛和夫氏自体が技術の専門家であり、会計・経理の専門家ではありませんでした。この状況はベトナムの子会社の状況も全く同じですよね。

次の『稲盛和夫の実学—経営と会計』（稲盛和夫著、日系ビジネス人文庫）のエピソードが本質をついていると思います。

「経営者の立場からはこうなるはずだが、なぜ、会計ではそうならないのか？」

稲盛氏は、いつも経理部長にこのように問いただしていたそうです。この感覚ですよね。「経営者の立場」というのが、ビジネス側の視点です。先ほどから何度も申し上げてる通り、ビジネスと会計はリンクするからこそ意味を持つのです。

このように稲盛氏は納得いかないことについてはとことん質問をぶつけたことによって、経理部長がこれまで触れたことのない見方を決算書に対してするようになったそうです。次の経理部長の発言からそれがよくわかります。

「社長の言っていることは、会計の本質を突いているのではないか？」と本質に気づいたというのです。

社長が経理の専門家である必要はない

つまり、社長が経理の専門家である必要は全くありません。ですから、海外子会社の社長様も、是非とも自信を持って、あなたの周りに素朴な質問をぶつけながら、会計を学んでいってほしいと思うのです。素朴な質問が会社を変えます。

実際にこの書籍から勇気づけられた海外子会社の社長様はたくさんいます。私はいつも海外に赴任する現地社長様にこの『稲盛和夫の実学―経営と会計』（稲盛和夫著、日系ビジネス人文庫）を薦めており、その後に「この書籍よかったです」「勇気づけられました」という感想をよくいただきます。

6　社長に必要な会計スキルとは

会計の３つのフェーズ

では、社長様はどんな会計スキルを学ぶ必要があるでしょうか？　そのためには、前提として、会計にはどのようなフェーズのスキルがあるのか？をお伝えします。

ずばり、会計には次の３つのフェーズがあります。これを理解しておくことでモヤモヤがスッキリしますし、スキルをゲットするための効率的なアプローチが可能となります。

・つくる（Prepare）

〔図表１　会計の３つのフェーズ〕

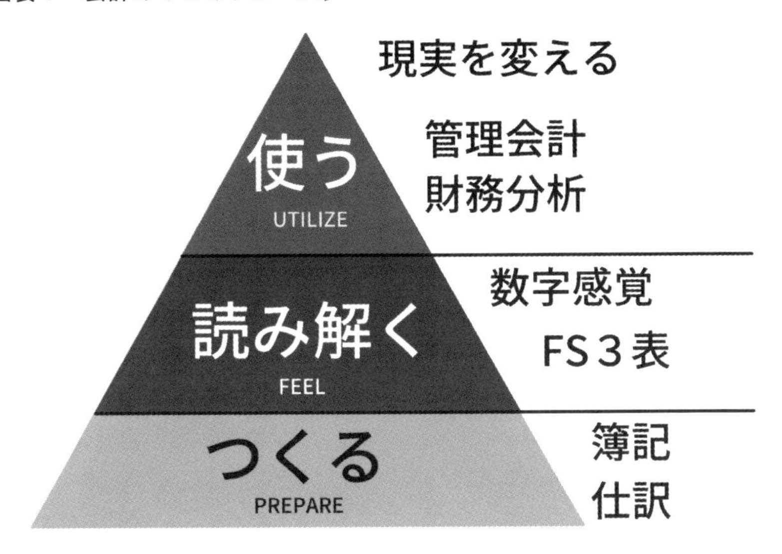

・読み解く（Feel）
・使う（Utilize）

この３つです（図表 1）。

このうち、本書の対象は真ん中の「読み解く」に絞っています。「つくる」スキルは経営者には必要ないので省いています。「つくる」の領域は簿記とか仕訳や記帳、会計ソフトに入力する作業のことです。

社長に必要な会計スキルはビジネスのストーリーと財務諸表をつなげること

社長にとって必要な会計スキルとは「ビジネスのストーリーと財務諸表をつなげる」であり、そのうえで行動を変えて経営をよりよくすることだと肝に銘じてください。

もう少し具体的に解説します。「つくる」スキルはなくても「読み取る」スキルを身につけることは可能です。

しかし、図表１の１番上にある「使う」つまり経営に活かし、現実を変えるためには「読み取る」スキルが必須です。理解できてないものは行動に変

〔図解２　「つくる」は前提じゃない〕

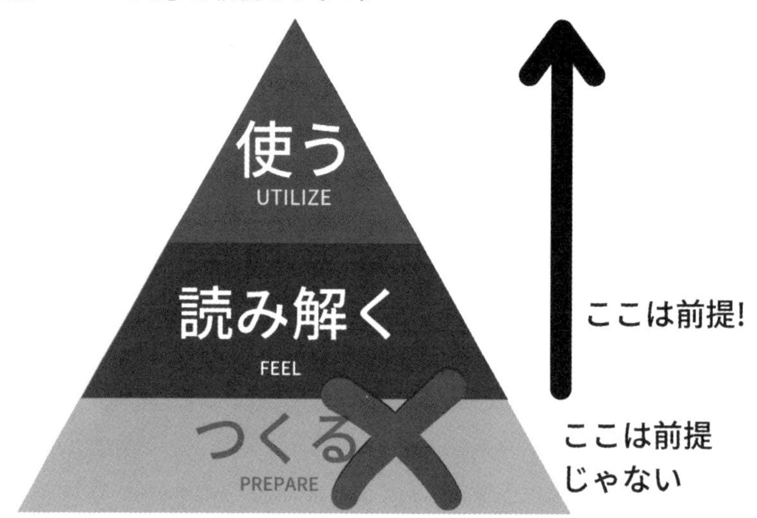

換することができません。

つまり「読み取る」スキルがなければ「使う」ことはできません（図表２）。

実践的な会計ノウハウに絞っている

巷の会計に関する書籍では、大抵、同様の専門的な知識やノウハウが記載されています。財務会計とは何か、簿記一巡の流れ、借方・貸方の説明、貸借対照表の見方、損益計算書の見方、キャッシュ・フローの見方などです。また、「つくる」スキルである簿記に関連した知識やノウハウが含まれる書籍も多いようです。

私は、職業柄、会計・ファイナンスに関する書籍はこれまで100冊以上を購入して読んできました。それらの書籍に含まれる内容を抽象化してまとめてみると、大抵の内容は重複します。例えば、上記で述べた事項の他にも、B/Sアプローチ、財政状態、減価償却費の解説、引当金の解説、金融商品の解説、損益計算書の５つの利益、運転資金、収益認識基準、リース基準などが含まれています。

確かに、会計という学問を体系的に理解することを目的とするならば、これらの知識はとても重要でしょう。必須の知識です。

しかしながら、会計の学ぶ目的が経営改善させる（使う）というところにフォーカスするとするとこれらの書籍は少しばかり、アカデミックすぎます。すなわち堅苦しい表現が多すぎます。また、内容についても必要ではない論点が多く含まれています。これに加えて、専門用語が多く利用されていることから、読み始めるとどうしても眠たくなってしまう点も否定できません。

実際に海外に赴任した社長様とお話をすると、次のようなことをしょっちゅう聞きます。会計に関する書籍を購入したけれど、最初の数ページで挫折してしまい、それ以降その本を開かなくなってしまった事例や中には書籍の目次だけで読むのが嫌になってしまったケースなどです。

このような会計の専門的な基礎については他の書籍に任せることにして、本書では次の点にフォーカスしています。

・会社のストーリーと財務諸表をリンクさせる（読み解く）
・ベトナムの会計制度や勘定科目に着目している

実際に経営に利用するという目的の達成という点から「読み解く」という点にギュッと絞っているという点やベトナムの会計制度やその勘定科目を詳しく解説している点が特徴です。

さらに読者の想定を会計に深く関わったことのない社長様としていることから分かりやすさのため図解をふんだんに利用したり、なるべく専門用語を使わず解説していきます。

第１章のまとめ

・なぜ、経営者は会計を無視できないのか？　①会計と経営はリンクしており、会計がわからないというのは経営放棄と同様。②普遍的な知識なので学ぶと得する。③グローバル言語だからコミュニケーションツールとして有用。④海外不正を防止するために会計は必要。
・経営のための会計スキルのため、経理の専門家である必要はまったくない。
・経営者にとって必要な会計は「つくる」ではなく「読み解く」。「つくる」ができなくても全く問題ない。
・「使う」会計のためには「読み解く」技術は前提となる。

コラム　海外コミュニケーションで必要なスキルとマインドセットの７つとは？

私は、2013年からインドで働き始め、そして2016年からベトナムでマナボックスベトナムというコンサルティング会社で働いています。海外で働く場合のほとんどの大きな悩みはコミュニケーションに行き着きます。言語が異なることからあなた自身も６割くらいしか伝えられず、相手も６割ほどしか理解してくれない現象が起こるからです。要するに伝わりにくいのです。

では、どのようにすればいいでしょう？　私の海外歴からの得たスキル、ノウハウ及びマインドセットの７つをお伝えします。

まず英語です。英語圏の国でなくても英語のスキルは絶対あったほうがいいです。ただ完璧である必要はありません。TOEICは700点程度で問題ありません。とにかく実際に使う英語を使いましょう。ネイティブ同士じゃないんだから、間違ってもいいのです。

２番目は図や絵にしながら話すという点です。ノートやホワイトボードを必ず使いましょう。言語だけだと必ず誤解が生まれます。図解することによって話し手が理解しなければいけないのでそもそも理解してないという問題を防止できます。

３番目は数値化です。フワっとした抽象的な言葉でなく、インパクトを数値できないか？　考えてもらいましょう。

４番目は、少しでも違和感ある。という場合には、必ずもう一人（専門家）に意見をもらうことです。専門的な領域であれば専門家に聞いてください。なんだか変だぞという違和感を放置してはいけません。

５番目はチャットツールです。口頭のコミュニケーションだけでは絶対に不十分なのでチャット（文字ベース）を利用しましょう。言った言わないの問題も防止できます。

６番目は現地の人を心からリスペクトする点です。一番重要な要素かもしれません。駐在員でこれができてない人がおり、ベトナム人を見下す人もいます。しかし、ビジネスでは信頼関係が必須ですからそれではうまくいきません。相手をしっかりと観察してください。最後は“いい加減”になることです。つまり、完璧主義をやめることが重要です。日本人は世界的に見てもしっかりしていますがそのままで行くと疲弊してしまいます。

第２章
多くのベトナムの社長が「会計」に苦しむ「５つの落とし穴」とそれを突破する４つの方法

この章では、なぜ、あなたが会計に苦手意識を持ってしまうのかという点について解説します。私は、インドとベトナムと海外歴が 2022 年で約 10 年となりますが、その経験を踏まえて整理すると、次の５点にまとめることができます。

⑴　そもそも経理の専門じゃないし、サポートも不十分
⑵　学ぶとしても「簿記」を学んでいて、アレルギー反応が出てしまう
⑶　ベトナムを含む海外の現地社長はとにかく忙しい！　時間がない！
⑷　ベトナムを含む海外の会計が特徴的でよくわからない
⑸　日本本社とベトナム経理担当者の間に挟まれて孤独を感じる

それぞれ詳しく解説していきましょう。

１【第１の落し穴】そもそも経理の専門じゃないし、サポートも不十分

経理に全く関わってこなかった人がベトナム経営を任される

ベトナムの現地会社の社長として赴任する人は、営業のプロ、製造の専門家、品質管理の専門家、プログラミングの専門家というようなケースがほとんどです。つまり経理の専門家が現地社長になることは基本的にありません。

また、経理に詳しい人材を社長のサポートとして配置できない場合が多くあります。それは、コストの問題があるからです。

ベトナムの駐在員のコストは、日本にいる場合と比較して２倍程度かかってしまうケースがほとんどです。金額としてはおおよそ 1,200 万円～ 3,000 万円発生してしまいます。

なぜならば、個人所得税率が日本と異なることから、手取り保証されておりグロスアップ計算することや、住宅や日本人学校のコスト負担があるからです。

そういった状況の中、日本人が現地で社長に対して会計的なサポートをしてくれる人はいません。多くの場合、コストの観点からそんな人を日本からわざわざ出向させる余裕などないからです。

したがって、これまで経理に全く関わってこなかった人がベトナムの経営を任せられることになるのです。

２【第２の落とし穴】学ぶとしても「簿記」を学んでいる可能性があり、アレルギー反応が起きてしまう

会計がわからなくても売上を上げればいいんだ

先に述べたように経理の経験者が、現地の社長に赴任することはまずありません。そのため、日本で事前に会計の勉強プログラムを本社が準備するケースがあります。やはり経営者が数値オンチではいけないからという感覚があるからでしょう。

しかし、その会計について「簿記」を学んでしまっている場合があります。結論から申し上げると、これまで経理を専門的に学んでこなかった社長、あなたが学ぶべきものはいわゆる「簿記」ではありません。

「簿記」は、貸方や借方などの専門用語が多いですし、簿記検定を目的としていない人にとっては、正直退屈な内容だと思います。専門学校やオンラインのコースを受け始めたけど耐えられなくて居眠りしてしまった、という経験があるのではないでしょうか？

「簿記」から学んでしまうと、アレルギー反応を起こしてしまいかえって逆効果になってしまう可能性が高いです。

「会計ってやっぱり、小難しいしつまんない。逃げたいな」

「ベトナム現地子会社で会計以外の領域でがんばるからいいや。会計わからなくても売上を上げればいいんでしょ」

というような感情になってしまうことがとても心配です。

第１章で伝えた通り、会計には３つのフェーズがあり、経営する側の社長にとって簿記に代表される「つくる」スキルではなく「読み解く」スキルが重要です。

ただ、簿記を否定するつもりはありません。簿記自体は立派な学問ですし、会計の土台となる部分です。歴史も長くビジネスパーソンの基本知識と考える企業も多く、新入社員に対して「日商簿記検定３級合格」を必修にしている場合もあります。簿記２級に含まれる原価計算の知識は実務においてもとても有用な知識です。これについては勘違いしないでください。

３【第３の落し穴】ベトナムの現地社長は　とにかく忙しい！　時間がない！

会社経営のすべてに関わることが多い

ベトナムの社長に赴任したとたん、会社経営のほとんどのすべてについて直接的に関わる場面が多くなります。

例えば…、購買活動、製造関係、人材採用、人事評価、製品開発、マーケティングやセールス、戦略策定、事業計画、クレーム対応、そして、本書のテーマである「会計」……。

もっとあるかもですね。

端的に言うと「とにかく多忙だ！」ということです。日本で働いていたときは、上記での業務のうち１つだけに特化できたと思います。

例えば、あなたが営業担当であれば営業活動に専念できていましたよね。それがベトナムに赴任したとたんタスクが急激に増えて責任も増します。

こうなるとどうしても、もともと得意じゃない領域についてはどうしても億劫になってしまうのです。わざわざ時間を取る気持ちにならないんですね。優先順位が下がってしまいます。加えて「簿記」によってアレルギーを持ってしまった場合さらに「会計離れ」が進んでしまいます。

しかし、前述したように、会計の知識・スキルは必須です。

４【第４の落し穴】ベトナム会計が特徴的だから

勘定科目が抽象的すぎる

もう１つは、ベトナムの会計制度が特徴的だからだという理由です。詳しくは第３章と４章で説明しますが、なんと言っても一番の特徴は勘定科目が抽象的すぎる点です。

よくある質問の例として、「修理費ってどこ？」「前払費用には何が入っていますか？」「この科目、棚卸資産との違いはなんですか？」などなどです。すなわち、会計制度の特徴によって決算書からあなたの会社のストーリーが読み取りにくくなっているという点があるのです。
その他に「試算表と損益計算書の数値が違うのはなぜですか？」という質問もいただきます。これも会計制度の特徴が理由です。
確かに、さきほど私は会計はグローバル言語だと申し上げましたが、会計基準というルール・ものさしによって若干異なることがあります。でも、ご安心ください。会計の本質は、変わりません。
ベトナム会計の特徴を理解し、そこに対応すればいいのです。

5【第5の落し穴】日本本社とベトナム経理担当者の間に挟まれて孤独を感じる

ベトナム人経理担当者とわかりあえない

ベトナムを含む海外駐在の社長様は、会計に関して孤独を感じることが多々あります。ベトナム人経理担当者とわかりあえない。本社の社長や管理部門との担当者との間に距離を感じてしまう。私がインド及びベトナムで約10年、実際に関わっていく中でこのように感じることが多くあります。

ベトナム人経理担当者とのすれ違い

例えば、ベトナム人の経理担当者はどうしても税務的な視点に偏っています。つまり、決算書からビジネスの実態を読み取り改善していくというよりも、税務に関する罰金を気にするというマインドなのです。
「社長、この費用は損金不算入です」「税務の罰金リスクがあります」「税務調査官からこんなことを指摘されています」が口癖です。そのため、あなたの会社の利益がこれだけ減ってしまった。それに対してどう改善していこうか？　とあなたが現現地の経理担当者に相談しても上の空です。別な表現をするとすれば、経営をよりよくするための会計や経営分析にそこまで興味がありません。
もちろん全てがこのような人ではありませんが、この傾向がとても強いです。とにかくベトナム税務が重要！　と「税務脳」に陥っているのです。このような理由から、現地社長は孤独を感じてしまうのです。

日本本社との関係という視点

一方、日本本社との関係という視点ではどうでしょうか？　こちらも同様に孤独を感じることが多いでしょう。例えば、日本との経営会議中、本社の社長や管理部門の上司から詰められてうまく回答ができない、という状況がよくあります。プレッシャーを感じ、誰かの助けが必要だけれども、助けてくれる人がいない。

日本本社側は、「どうして原材料比率が毎月ブレるんだ？　決算書が間違っているからだろ」「この勘定科目にはどんな取引が含まれているのか？　なんですぐに回答できないんだ」「どうして費用が先月と比較して増えているのだ？」

このように怒涛の質問責めにあいます。それでも、ベトナムの経理担当者の興味が強いのはあくまで税務です。

真剣にあなたの味方になって調査してくれようとはしてくれません。「きちんと記帳していますよ。税務上はこれが正しいのですからしょうがありませんね」と言われてしまうのです。結果、あなたは孤独を感じてしまい会計に苦しんでしまうのです。

あなた自身が自社の経営改善をしたい。日本本社から質問に回答したい。このような大事なタスクについて孤軍奮闘しなければならなくなるのです。

ついには「やってらんねぇ！」という感情が湧き、孤独を紛らわすためにベトナムの日本人街のカラオケやバーで飲み明け暮れてしまうのです。

ただ、このような娯楽が日本人駐在のメンタルを安定させている癒しの場所であるといういい面はありますけどね。

6　会計の苦手マインドブロックの外し方、その４つの方法

このようにどうしても海外、ベトナムの社長様は、会計について苦手意識を持ってしまい苦しんでしまいます。

仕方がないとも言えますが、第１章で申し上げた通り、会計を無視できない理由と会計というグローバル言語を学んで実践することにより、あなたのビジネスの成功、ひいては、あなたの人生を豊かにすることを忘れてはい

けません。

そこで、会計に対しての苦手マインドブロックの外し方、コツについてお伝えしたいと思います。次の４つの方法が効果的です。

⑴　会計にはたった「５つの要素」しかないんだ

⑵　あくまでビジネスのストーリー中心でそれを数値化しただけ

⑶　ベトナム会計の特徴を効率的におさえる

⑷　その後のあなたのまわり幸福をイメージする。目的を明確にする【自己超越】

それぞれ解説していきましょう。

７　【方法１】会計はたった５つの箱だけ

まずは、会計はシンプルなんだ！と理解しましょう。会計について苦手意識をもってしまう理由としては、小難しい専門用語及び複雑な関係性のイメージだと思います。

貸方、借方、仕訳、貸借対照表、損益計算書、キャッシュ・フロー計算書、資本、利益剰余金、純資産などなど。これらの関係性が複雑すぎるというイメージ、そして、とっつきにくい用語があなたを会計から敬遠させているのです。

けれど、そう感じる必要はありません。たった、５つの要素しかありません。本当ですよ。

あなたが、普段、会社で取り扱っている製造のプロセス、プログラミングのコード、営業のスキルのほうがよっぽど複雑です。

なぜ、そう言い切れるのでしょうか？　答えは図表３の５つの箱です。どんな会計のプロの人でも、結局はこの５つの箱の中のお話をしているだけです。私もそうです。この点についての詳細は第３章にてお伝えします。ここでは貸借対照表（B/S）の３つの箱と損益計算書（P/L）の２つの箱があるとだけ理解しておいてください。

いろいろ小難しい言葉があるかもしれませんが、結局５つの箱に納まる。５つの箱しかない。そう考えれば、会計・経理の経験がなくてもできそうだと思いませんか？

〔図表３　会計には５つの箱しか登場しない〕

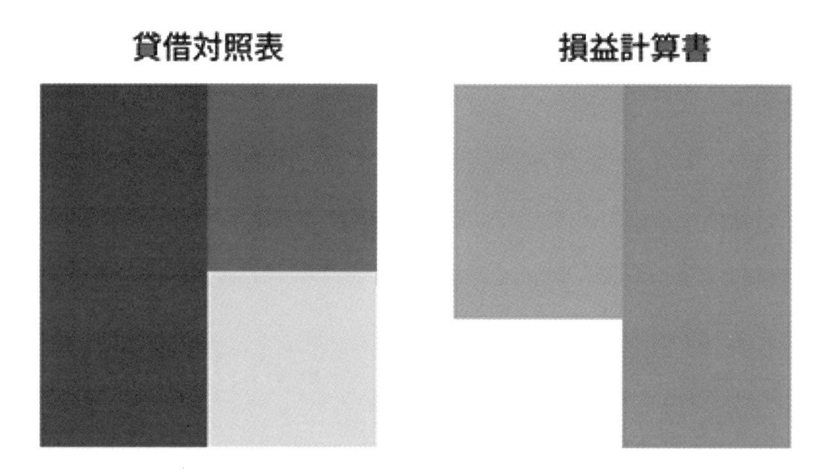

8　【方法２】あくまでビジネス（本質）のストーリーが中心である

会計スキルのポテンシャルが一番高いのは社長

次に会計とビジネスは、密接に結びついているという点です。あなたの会社のビジネスに一番詳しい人は誰でしょうか？　経理担当者？　人事部長？

そうではありませんよね。社長のあなたです。

少し、時間をとっていただき、あなたの会社の仕事の流れを思い返してみましょう。朝礼から始まり、営業会議。購買の申請書のチェック。そう思ったらスタッフの給与の支払いのチェック。その後、お客様への出荷確認。夜は取引先と居酒屋で会食。

誤解を恐れずに言えば、このような会社のストーリーが決算書にのってくるだけです。結局のところ、ビジネスに詳しいということが本当の会計スキルには必要なのです。会計帳簿に記帳するのが早くて正確な人ではありませんよ。

あくまで、ビジネスが中心なんだ！　と理解してみてください。つまり、会計スキルのポテンシャルが一番高いのは社長、あなたです。なぜならば、あなたが会社のビジネスのことをよく知っているからです。しっかりと自信を持ってください。

「会計がわからない」いうのは「ビジネスのことをわかりません」と自ら主張しているのと同じです。もし、あなたがそんなことを言われたら腹が立つでしょう？

経営者であるあなたはビジネスに詳しい。だから、会計を理解する資質が一番なんだ！　と思考を転換させてみてください。

会計スキルにおける３つのストーリーとは

会計におけるストーリーと言われても、よくわからないと感じる人もいるでしょう。そこで、会計におけるストーリーの３つについてお伝えします。それは、

⑴　取引の生々しい場面がイメージできる。

⑵　うめき声や喜びの声を聞くことができる。

⑶　ビジネスの特徴を理解することができる。

１つ目は決算書を眺めたときに「実際の取引の生々しい現場をイメージできる」という点です。具体的には「この費用は、製造部門のワーカーさんの手袋だな」「毎月トラックで運ばれているスクラップはここの金額か」「人事総務の女性の人件費と社会保険料は損益計算書のここだよね」「購買管理ソフトウェアの金額は資産の箱のここのことか」などです。

決算書を見たときにこのような「生々しい場面」があなたの頭に３Ｄのように思い浮かぶか？　ということが非常に重要です。逆に言うとこれが浮かばないということは社長のための会計力が不十分だと言えます。

２つ目は「数値から自分の会社が苦しんでいるのか？　喜んでいるのか？」を判断できるという点です。１つ目よりも一歩踏み込んだ視点です。決算書の数値を見てそこから問題点が発生しているか？　改善したか？　などを判断する必要があります。

医療の現場に喩えてみましょう。例え細くて色白い人がいたとしても、その人が不健康なのか？　健康で問題ないのか？　を医学的な視点から判別す

ることが必要ですよね。そして、もし不健康だとしても、なにが原因なのか？　という点が読み取れなければいいお医者さんとは言えません。

会計も同様です。決算書を見て会社の「怒り、いらだち、怯え、悲しみ、希望、幸福、愉快」などの会社の状態を感じとることができないと正しい処置はできません。

３つ目は「ビジネスの特徴を理解することができる」という点です。ここまでのレベルまで来ると会計がより楽しいという感覚になるはずです。

ビジネスストーリーと会計の関連性の理解を深めることによって、業種別のビジネスの特徴も理解もスーッと頭に入って来やすくなります。

例えばこの製造業のビジネスモデルであれば、こんな決算書になるはずだ、などです。このレベルまで達すると株式などの投資の知識にも役立ってくるといっていいでしょう。

投資の神様のウォーレン・バフェット 氏も「会計はビジネスの共通言語だ。言語として、完全とは言いがたいものの、会計を学ぶ努力をしないかぎり、自分で株の銘柄を選択することなど夢のまた夢である」『史上最強の投資家バフェットの財務諸表を読む力 大不況でも投資で勝ち抜く 58 のルール』（メアリー・バフェット（著）, デビッド・クラーク（著）, 峯村利哉（翻訳）徳間書店）と言っています。

共通言語が話せない人とビジネスはできないですよね。例えばあなたが日本本社で日本語を話せない人と一緒に仕事をしてください、と命令されても「いやーちょっと無理ですね」と答えるはずです。

9　【方法３】ベトナム会計の特徴を効率的におさえる

まずは本書で解説するベトナム会計論点を理解する

続いて、ベトナムの会計の特徴についてどうアプローチするか？　という点です。この方法については、後述の第４章及び第５章で詳しくお伝えします。やみくもにベトナムの会計と向き合ってもただでさえ忙しいあなたです。絶対に挫折してしまいます。

そこで本書においては、経営に影響を与える重要性のある論点だけに絞って解説していきます。まずは、本書で解説するベトナム会計論点を理解するところから始めましょう。

10【方法4】会計スキルを取得した後のあなたのまわりの幸福な姿をイメージする【自己超越目標】

自己超越目標を持つ

この方法は技術やノウハウでなく、マインドセットに関連することではありますが、とても重要です。

なぜならば、会計が大事だと頭の中では理解できたとしても「どうせ、いつか帰任するし」「まあ本社がなんとかしてくれるよね」「わたしの責任ではない」と言った考えが芽生えてしまい､いつの間にか大事な会計を学ばない、使わない、逃げてしまうケースがよくあるからです。

私の実体験からしても残念ながらそのようなケースは､たくさんあります。前述した通り多忙であるため無理もないなと感じます。そう感じながらも、やっぱりもったいないなあと感じます。

では、どのようにしてこの問題を解決するのか？　その答えは「自己超越目標」を持つことです。

「自己超越目標」があれば行動しやすくなる

「自己超越目標」とは、自分という個人の範囲・自分自身の身の丈を超えた大きな目標のことです。具体例として「貧困の子どもたちを豊かにしたい」や「不公平な社会を変えたい」等が挙げられます。

ここでテキサス大学の実験について紹介します。まず、高校生の参加者たちに「今の社会問題を考えてください」と指示して、続けてその社会問題に関して､「今の勉強を活かす方法はないか？」考えてもらったという実験です。

この実験に参加した学生を追跡調査したところ、この結果スマホゲームなどに費やす時間が減り、勉強に取り組む時間が約２倍も増加していたそうです。「自己超越目標」によって勉強の時間が増加したのは、モチベーションの質がいい方向に変化したからです。

これを転用することで、あなたの会計へのモチベーションの質も変化するはずです。「社会を変えたい」のようなあまりにも大きな問題である必要はありません。

まずは私たちの身の回りの人を幸福、豊かにするんだという意識に変えてください。つまり、あなたの会社のことやあなたの部下のことです。

世の中の問題点はなんだろうか？→今の会社の問題点はなんだろうか？

いま勉強していることがどのように役立つか？→会計があなたにどのように役立つか？

という思考を試してみてください。テキサスの高校生と同様に、会計に取り組む時間が増加するはずですよ。

自分のためだけや昇進のような報酬だけだと、どうしてもモチベーションが長続きしません。限界があります。実際に私の場合、年齢を重ねていくたびにこの感覚が強くなっていきます。「自分のためになにかやる」だと正直モチベーションが厳しいのですよね。正直きつい。これは、心理学の世界でも確認されている現象ですので人間の本質なのでしょう。

会計力で経営改善し、ビーチに社員旅行

ベトナム子会社管理での具体例をお伝えします。私が実際に、会計という視点において、経営管理をさせていただいたケースの話です。かいつまんで述べると「決算書を正しい方法で見て問題点を認識する」「そして行動をするためのアドバイス」という支援です。まずは認識するところができてないと行動も起こせないので決算書を正しく読み取るというところから助言させていただきました。これにより決算書から無駄なコストの放置を認識できたのです。

その後は行動ですが、その社長様の行動力がとてつもなく素晴らしく、短期間で業績を改善させていました。具体的には、決算数値から生産性が低い、すなわち、仕事の量に対して製造現場のワーカーさんが多すぎる点を改善したり、無駄な交通費の削減を次々としていきました。加えて決算情報から顧客ごとの収益性を分析し、赤字販売になっていた製品について値上げの交渉や停止なども行い経営を次々と改善させていきました。こうして会計視点か

ら経営を改善させた結果、翌年には数百名を超える社員全員でベトナムの中部のベトナムのハワイとも呼ばれるダナンのビーチに社員旅行に行けたそうです。

どうでしょう？　会計力はあなたとあなたの社員の幸福にも関連してきますよね。

よく「社員の生活がかかっている、みんなの生活を守っているんだ」と発言する社長様がいますが、そんな人にこそしっかりと会計の知識を持ってほしいものです。

厳しい言い方になってしまいますが、まずはとにかく社長に必要な会計を学んでほしいというのが本音です。

どうして社長は会計を学ぶ必要があるのか？「会計を学んで、経営に活かせば、周りの社員や社員の家族を幸福にできるはず。取引先だって潤うはずだ」といった「自己超越目標」を持ってみてください。きっと苦手意識や食わず嫌いを克服することができるでしょう。

第２章のまとめ

- 現地社長が会計に苦しむ理由は５つある。
  - ①そもそも経理の専門家じゃないこととサポートしてくれる日本人出向者がいない。
  - ②会計として「簿記」を学んでしまい挫折。嫌いになってしまう。
  - ③現地社長の業務範囲は広くとにかく忙しい。
  - ④ベトナムの会計は特徴的で日本と異なる部分でわかりにくい部分がある。
  - ⑤孤独感を感じてしまう。
- 会計に対する苦手意識、苦しみから脱出方法の４つ。
  - ①５つの箱しかないと認識する。
  - ②会計はビジネスストーリーが中心。ビジネスに詳しいのは社長。
  - ③ベトナム会計の特徴を効率的に理解する。
  - ④自己超越目標を持つ。

コラム：ベトナムでもかなり効果的！　ドラえもんのしずかちゃんから学ぶ、自分にも相手も大切にする自己表現、アサーションとは

ベトナムを含む海外での悩みは、結局コミュニケーションに行き着きます。例えば、
・会社のメンバーに、本音で言いたいことが言えなくて歯痒い。
・ベトナム人スタッフを厳しく指導しているが、どこかで孤独を感じる。
・まじめに依頼しているのに無視されてしまうことがよくある。

それを解決できる方法があります。それは「アサーション」です。よくわからないですよね。私は「監査要点」と思ってしまいました。会計監査の専門用語でアサーションという言葉があるからです。正直、このノウハウ、めっちゃ役に立ちます。かなり使えます。私自身、これを学び実践したところ気持ちがスーッと楽になりましたし、マナボックスベトナムのメンバーの関係性もタスクを進めるという意味でもよくなりました。より信頼感が増しました。

アサーションとは「自分も相手も大切にする自己表現方法」で絶妙なコミュニケーション方法です。ドラえもんのキャラクターに喩えるとしっくりきます。例えば、こんな場面を想定してみてください。学校で隣の席の人が、あなたの消しゴムをとって使われ、そのまま返してもらえなかった場合です。おそらくこんな発言、行動を取るでしょう。
・ジャイアン「消しゴム、すぐ返せ！　ただじゃおかないぞ！」
・のび太「なにも言わないで、黙っているのでは？」
・しずかちゃん「消しゴム、済んだら返してね。今度使いたいときには、貸してと言ってね」

このしずかちゃんこそが、アサーションであり、このタイプのことをアサーティブと言うようです。自分も大切にしているし、相手も大切にしていますよね。

特にベトナムのような海外では、きちんと感情的なことを言語化しないと伝わりません。一方でジャイアンのようなキャラで行くと短期的には効果的なマネジメントができるかもしれませんが、長期的にはあなたからみんなが離れていってしまい孤独になってしまうでしょう。

年齢を重ねたり経営者という立場になると、感情的な気持ちを押し殺してしまうことがあるでしょう。でもアサーションという考えからするとそれは正しくありません。どんなに年齢を重ねたとしても、あなたの気持ちや考えを表現するべきなのです。悲しいときはそれを伝えればいいのです。しずかちゃんのようにアサーティブな考えになってからは、ベトナム人スタッフとの距離がいい意味でかなり近くなり、その結果より良いチームに成長したという自負があります。是非ためしてみてください！

第2部　会計の仕組みを「理解」する

第3章
会計のエッセンスを7つのストーリーと地図で学ぶからわかりやすい

本章では、会計の構造、エッセンスについて解説していきます。

1　社長様にとって必要な会計とは

第１章で既にお伝えしていますが、大事なので繰り返し説明します。

あなたにとって必要な会計とは「ビジネスストーリーと決算数値がつながる。そして、経営を変える」ことです。

会計は、複雑で高度な知識や考え方まで含まれます、しかし、そういったことまで考えるとはっきり言って混乱してしまいます。また、あなたの目的を考えた場合、社長様にとってそれは必要ありません。

そこで、この章では経理の専門家ではない社長様が、どこまでの会計知識を理解すればいいのか？　どのように学べばいいのか？　を解説していきます。

2　物語が重要！　７つのストーリーと図解を使って会計の仕組みを理解して記憶する方法

社長様が会計を理解して記憶するコツは、**ストーリーとリンクさせるということ及び図解を利用**することです。何度も申し上げてますがあなた、社長様の強みはビジネスの理解の深さです。この強みを使わない手はありません。必ず意識して使いましょう。

次の７つのストーリーで理解するとスッと頭に入ってくるはずです。ストーリーと図解の矢印の向き、そして、つながりを強く意識することが最速で理解するためのポイントです。

⑴　お金を集める

⑵　モノを買う

⑶　仲間を集める

⑷　顧客に価値を与える【付加価値を積み上げ】、商品が役割を果たし損益計算書に行く

⑸　対価をもらう　売掛金と売上を認識する

⑹　売上と費用を対応させ、利益を計算する【差し引き】
⑺　つなげる　利益が純資産となる

それぞれ解説していきます。それぞれのストーリーをイメージしながら、図解と一緒に学ぶことで理解が深まるはずです。その図解というのは第２章でお伝えした決算書の「５つの箱」のことです。

⑴　お金を集める

あなたがいいビジネスアイデアを思いつき会社を起業する。そんなところからイメージしていきましょう。

その際、どんなことが必要になるでしょうか？

会社を始めるためには、お金がどうしても必要になります。

例えば、銀行からお金を借りる。投資家からお金を募る。こうやってあなたのビジネスが始まります。

貸借対照表は、左と右に合計３つの箱に分けて整理されます。右の２つの箱と左の１つの箱です。

右は「お金の出所」「どうやってお金を集めたのか？」を表します。２つあるのは他人からお金を集める場合で、返済義務がある場合と自分で集める場合で返済義務がない場合に分ける必要があるからです。

そして、左は、「お金」または「お金が他に姿を変えたもの」を表します。

ポイントは、右から左という流れを意識することです（図表４）。

なお、ベトナムのストーリーとつなげるという意味では、投資登録証明書（IRC）の内容がこの右の箱とリンクしてきます。

投資登録証明証とは、日系企業のような外資系企業が取得する必要のある証明書です。この証明書には総投資額が記載されています。総投資額とは長期借入金及び資本金のことです。

ただし借入金の場合は借入枠なので実際に借入を実施しているとは限りません。

また日本の登記簿謄本に該当する企業登録証明書（ERC）には資本金が記載されています。通貨がベトナムドン以外の日本円やドルの場合もありますが、この資本金は、実際に貸借対照表の資本金と整合性があります。

〔図表４　①お金を集める〕

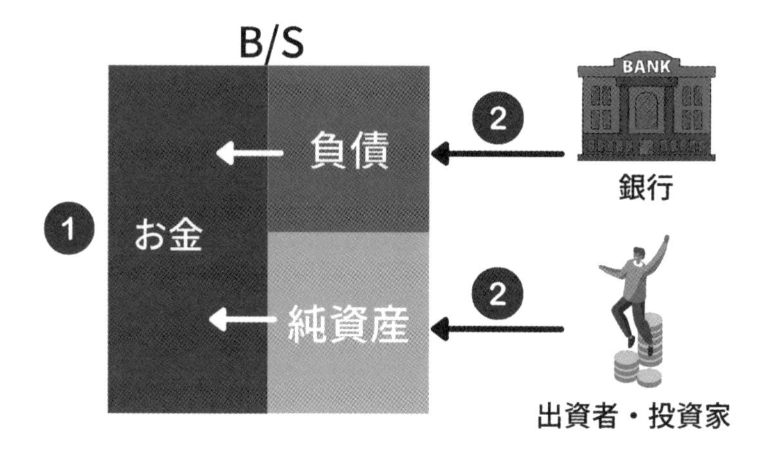

1.お金が増える
2.純資産又は負債が増える

⑵　お金をモノに変える

無事、あなたはお金を集めることができました。次はどんなことをする必要があるでしょう？　具体的なビジネスを始めるために、あなたはモノを買う必要があります。別な表現をすると集めたお金を商品に変える必要があります。

集めたお金をお金以外の資産に投資します。経営の神様と言われたパナソニックの創業者である松下幸之助氏は「資産はお金が化けたもの」と発言しています。言い得て妙ですよね。

このモノを買うのことを「投資する」という表現をします。日経新聞などに登場する企業の決算報告のところで投資活動によるキャッシュ・フローなんて聞いたことがあるかもしれません。

投資の内容はビジネスによって異なります。例えば、商社であれば商品ですし、製造業であれば設備に投資します。原材料を購入するかもしれません。。

〔図表５　②お金を商品に変える（モノ）〕

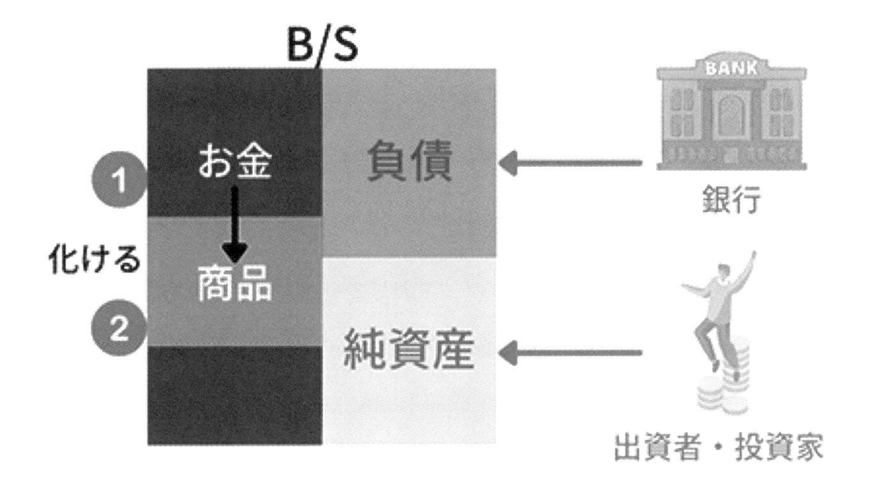

ただ、あまり、難しく考えず、あなたがラーメン屋を始めるところを想像しましょう。ラーメンをつくるためのキッチンだったり、材料が必要になりますよね。それを投資と言います（図表５）。

⑶　仲間を集める

あなたのアイデアである新しいビジネスを進めていく上で、仲間はどうしても必要です。なぜならば、１人だけで目的を達成するためにはあまりにもハードルが高いからです。仲間を集めるストーリーをイメージしてください。そのために集めたお金をヒトのために使います。ベトナムでの経営でもこれは同じです。

こちらも、集めたお金をどう使ったか？　という意味では、先ほど申し上げた投資の活動と同様だと言えます。経営資源には、人・モノ・金というのがありますよね。

お金が「人」という資産に化けて、損益計算書の人件費に移動するとイメージを持つことが非常に重要です。なぜならば、現代ではより人にしかできない価値が高まっているからです。これを専門的な用語で無形資産と表現されますが、これはヒトが生み出すアイデアによって生まれます（図表６）。

〔図表６　③仲間をあつめる（人）〕

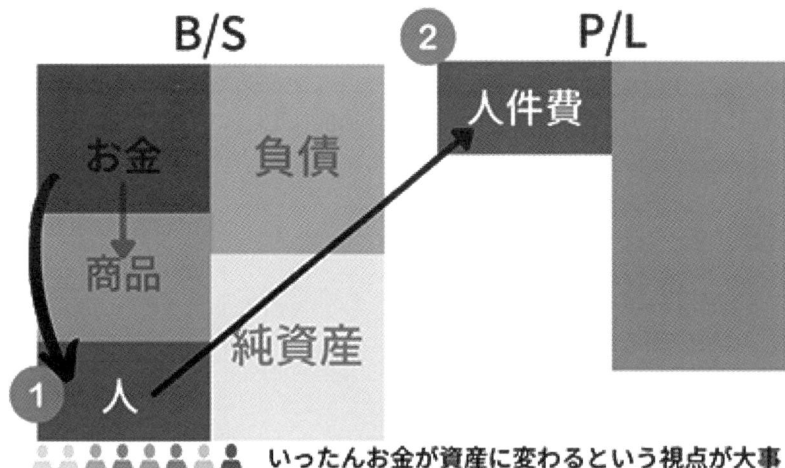

⑷-1　顧客に価値を与える

あなたは、モノ・人で商品やサービスをつくり出すことができました。次は、商品やサービスを提供することで、お客様に価値を与えます。集めたお金を、モノと人という経営資源に変換させ、お客様に価値を与えます。

例えば、スターバックスに行けば、言い香りのするコーヒーと雰囲気という価値をぼくらは体験することができますよね。レストランであれば美味しい食事という価値をもらっています。

このとき、貸借対照表という箱の資産を提供するというイメージが大切です（図表７）。

〔図表７　④-1. 顧客に価値を与える〕

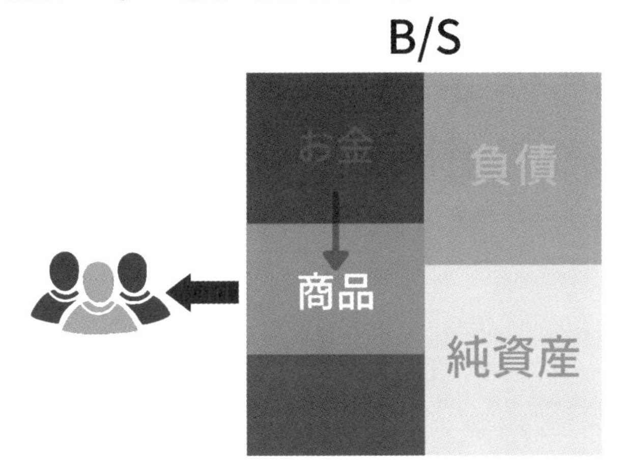

つくった商品やサービスで価値を与える。

⑷-2　商品（サービス）が役割を果たし、損益計算書に移動する

価値を与えた結果、商品（サービス）は、お客様のところに届けば、無事、その役割を終えます。これにより、商品（サービス）のためにかかったお金は、費用として損益計算書に移動します。

商品（サービス）は、あなたの会社が保有している段階では、お金をもたらしてくれる可能性がある資産です。しかし、その役目を果たせば資産としての役目を果たしたことになるので、貸借対照表に留まることができず移動しなければいけません。その場所が損益計算書です（図表８）。

会計の専門的な要素が含まれ、すこしわかりにくいかもしれませんので以下の具体的な場面をイメージするといいでしょう。商品がまだお客様に売れていない場合にはあなたの会社の倉庫などにあります。しかし商品が販売されてしまえばその倉庫から商品がお客様のところに行くのでなくなりますよね。そのため決算書の５つの箱のなかでも移動が必要なのです。

〔図表８　④-2. 商品が役割を果たし、売上原価となる〕

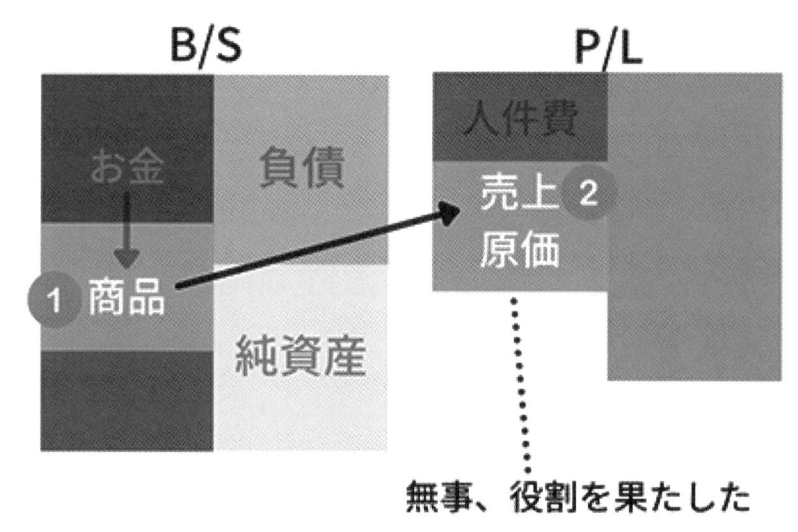

⑸　売掛金という対価を受け取り、売上を認識する

あなたは、お客様に価値を与えることによってお客様から対価を受け取ります。最終的に、お金として、受け取るまで売掛金として認識します。

多くのビジネスの場合、売上としての対価を受け取ったときとお金の入金の時期はズレます。○○締め○○払いという言葉があるのはそのためです。

スナックで「ママ、ツケ払いにしておいて」というのは売掛金です。スナック側の視点からすると、売れたけど後からお金をもらえるからです。

このように売上と入金がズレる場合、売掛金という勘定科目を使います。

会計的な言葉を使えば、売掛金とは将来同額お金が入ってくると見込まれる債権のことです。売掛金の「掛け」という言葉を「まだ」と置き換えるとわかりやすいです。売ったけど「まだ」その売上の代金をもらえてないとおぼえましょう。将来お金になるので資産であり貸借対照表の資産の箱におさまります（図表９）。

〔図表９　⑤対価として売掛金を受け取る〕

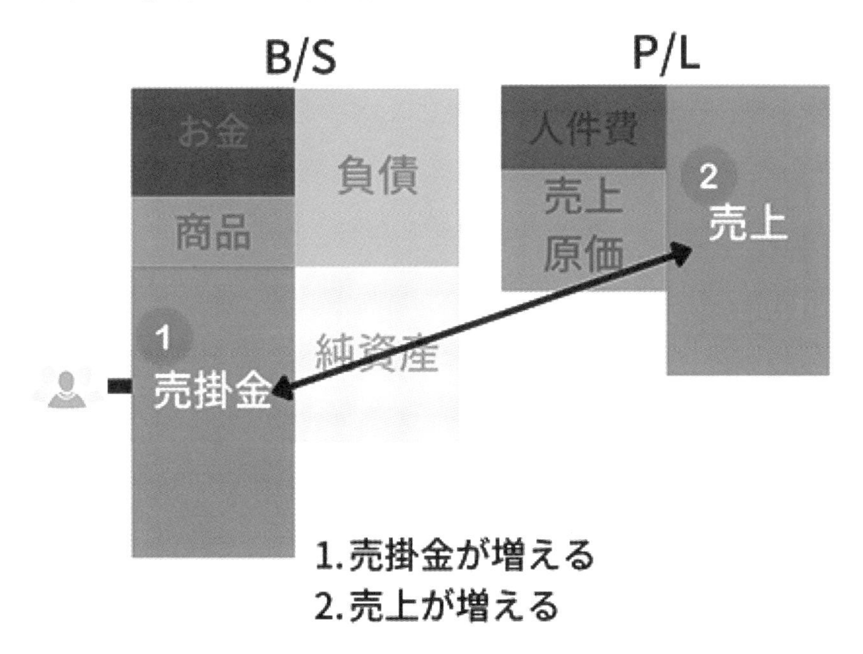

⑹　費用と売上を対応させ、差し引きする

費用と売上をぶつけます。対応させます。そして、差し引きして利益を計算します。ぶつけて、差し引きして、利益を算出です（図表 10）。

これを会計の専門用語で「費用収益対応の原則」と言います。なんだかかっこいいですよね。費用と収益を対応させないと正しい利益が計算できません。この思考はとても重要です。

売上があるのに費用が存在しないというのは違和感を感じるはずです。あなたが、もし、レストランというビジネスをして今日の売上は 10 万円だった！　利益も 10 万円だ！　と喜んでいるのと同意義です。

商品は貸借対照表の資産の箱にいったん待機して、時が来てその役目を無事果たしたら損益計算書の費用の箱に突撃するイメージを持つとわかりやすいでしょう。例えば、商品 100 を購入してそのうち８割が販売されたとすれば 80 が売上と対応することになります。

〔図表 10　⑥費用と売上を対応させる差し引きする〕

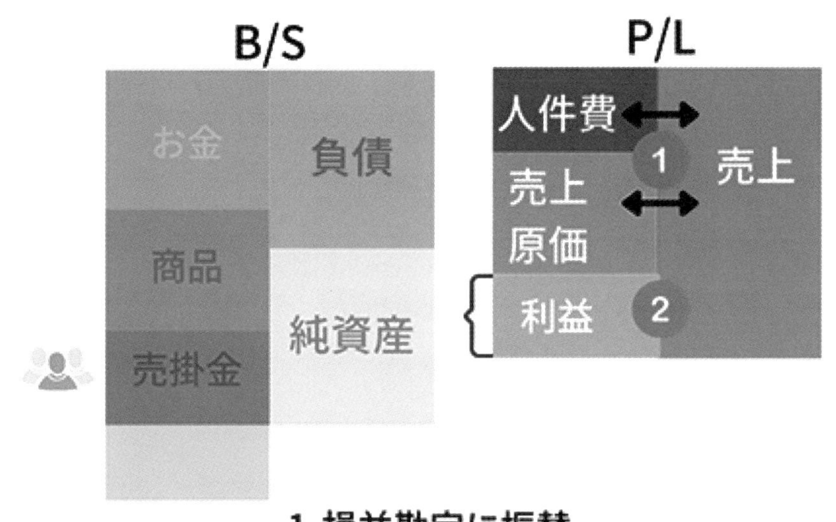

(7)　利益を計算する　利益が純資産になる

これまでのビジネス活動によって得た利益（損益計算書）は、純資産（貸借対照表）となります（図表 11）。

損益計算書をくるっと回転させると､貸借対照表とつながります。そして、損益計算書の利益は貸借対照表の利益剰余金となります。このつながりを図解を通して頭にに焼き付けましょう。

損益計算書は１年ごとの会計期間に区切られます。もし次年度に活動して利益を得たとすれば、この貸借対照表に利益剰余金として１年ごとに積み上げされていきます。貸借対照表の利益は、過去の歴史、積み上げであるということがこの図形を通して理解できると思います。

野球で喩えるならば損益計算書の利益は、そのシーズンの打率であり貸借対照表の利益剰余金は通算打率です。サッカーでも同じで、利益はそのシーズンの得点であり、利益剰余金はキャリアの総得点です。

〔図表 11　⑦利益を計算する利益が純資産となる〕

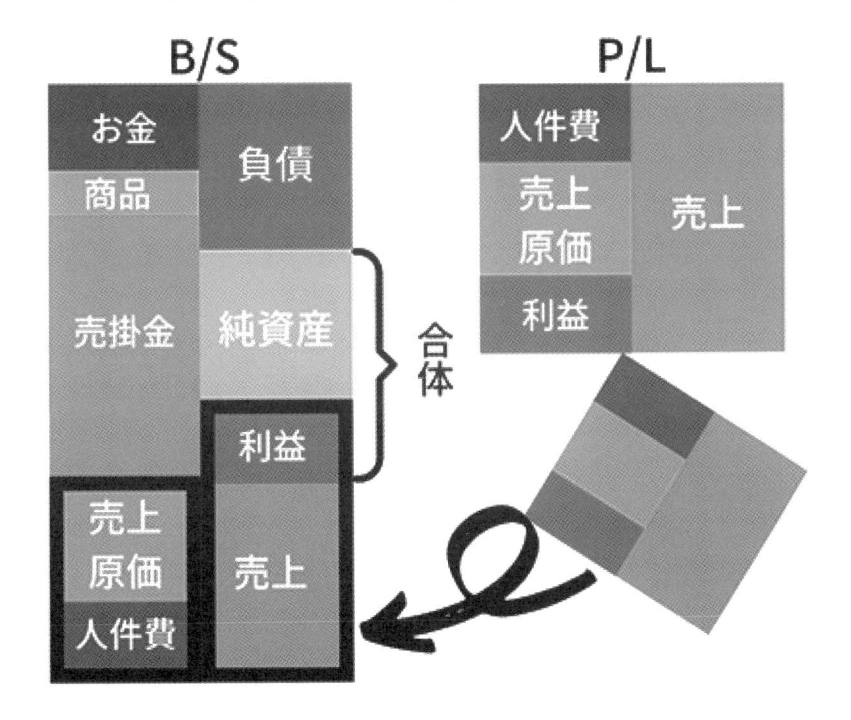

3　実践ワーク！　数値と付箋を使ってつながりを確かめよう

７つのストーリーとボックス図で決算書の仕組みとつながりを理解してきました。しかし、実際の数値がないと腑に落ちません。

そこで実際の数値と付箋を使ったワークをしていきたいと思います。これにより、あなたの理解がより深まることが間違いありません。

では、実践ワークをするにあたり、紙と付箋を準備してください。紙は大きなＡ３などがよさそうです。過去に実際、私が社長様と実践ワークする時にＡ４を使っていたのですが、それでは小さすぎました。それがそこに財務諸表の５つの箱を書きましょう。

設例として次の数値を使います（図表 12）。

〔図表 12　実践ワーク〕

実践ワーク

1	集める	1,200
2	投資する	500
3	仲間をさがす	300
4	価値を与える 役目を果たす★	400
5	対価をもらう	900
6	対応させる　★	
7	つなげる　★	

★会計テクニック的なトピック

それでは、準備はよろしいでしょうか？　ステップは非常にシンプルです。次の２つです。実際に何かビジネスをやるんだ！　とイメージしながらワークすると楽しみながら学べますよ。

⑴　付箋に数値を埋める

⑵　５つの箱に貼る

【ワーク】①お金を集める

あなたは、自分の貯金から 1,200 を出資しました。付箋に 1,200 を記入してください。そして、貸借対照表のどこの箱に該当するか？　を考えてみてください。

〔図表 13　ワーク①お金を集める〕

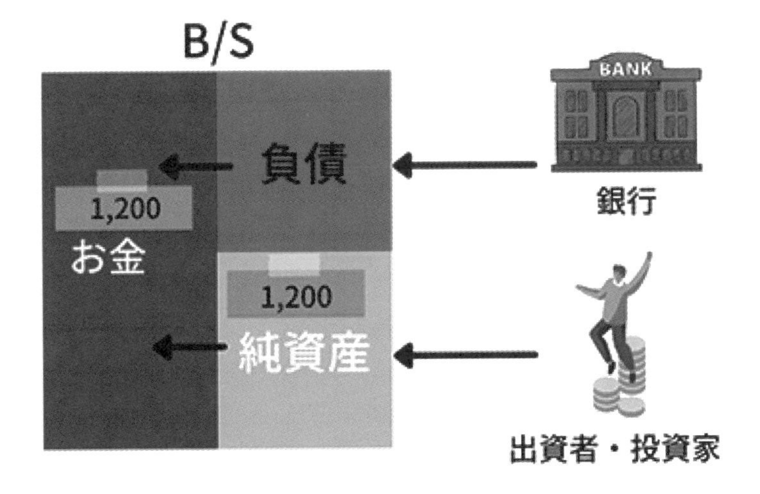

あなたの財布から集めたお金であるため、純資産（資本金）が増えお金が増えます（図表 13)。これがもし第３者である銀行からの借入であれば借入金という負債が増加します。なお、純資産と資本金についての言葉の違いについてはあまり気にしなくて問題ありません。純資産のほうが資本金より大きな概念だと覚えておくくらいでいいです。

【ワーク】②モノを買う

お金を集めたら商品 500 を購入します。付箋を２つ準備し、それぞれに 500 を記入してください。

このワークでは商品 500 をお金で購入しているので、お金を減らす必要があります。そのためマイナス 500 の付箋を準備します。一方で、商品というお金とは別の資産が同額増えているので商品を 500 増やす必要があります。

〔図表 14　ワーク②お金を商品に変える（モノ）〕

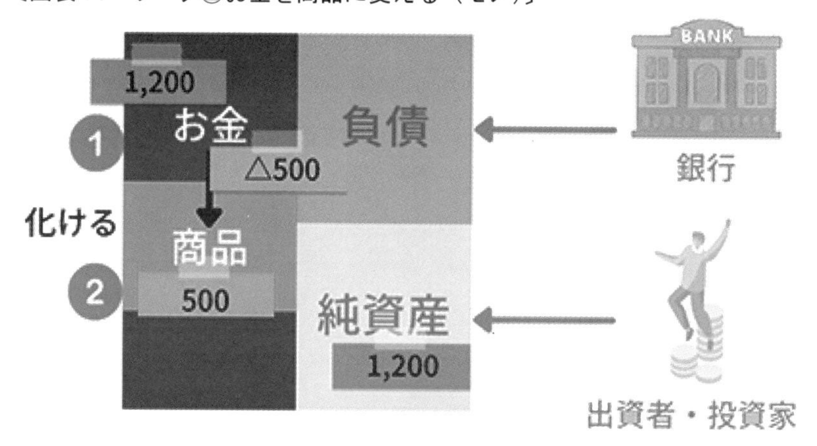

1. お金が減る
2. 商品が増える

お金が商品に化けました（図表 14）。

【ワーク】③仲間を集める

ビジネスには必ず仲間が必要でしたね。仲間を集めて 300 支払いました。

繰り返しになりますが、経営と会計を関連させるという意味でその仲間への支払いがいったん貸借対照表の資産になるのか？　という視点は重要ですので必ずこの点は意識してください。なぜならば、人材が価値を産み出しあなたの会社のお金を稼ぐ要因になるからです。

ベトナムでは人件費がまだ安いという理由で進出している日系企業も多いですが、将来的にはそのようにいきません。単純作業の労働力という視点でなく、人材を「資本」として捉え、その価値を最大限に引き出すことで、中長期的に企業価値向上につなげる経営を意識することの重要性が高まってくるでしょう。

300 のお金が減って（人という資産に化け）人件費が増えます（図表 15）。

〔図表 15　ワーク③仲間をあつめる（人）〕

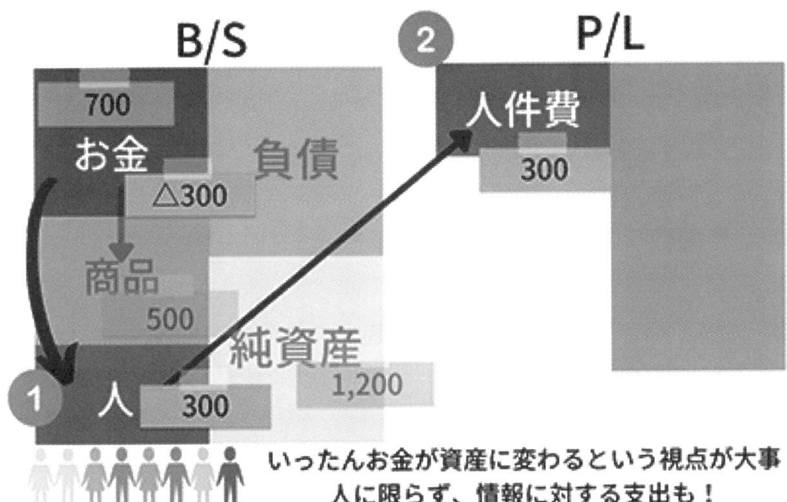

【ワーク】④顧客に価値を与え、商品が売上原価になる

あなたがつくった商品やサービスを提供してお客様に価値を与えます。これにより商品は役割を果たし、売上原価に移動します。

商品は購入後、貸借対照表の右側の資産という箱に収納されています。その後、顧客に価値を与え、役割を与えた後は、損益計算書の左の箱の売上原価に移動します。

ベトナムを含む海外子会社の社長様と決算書の話をしているとき、ここのところがよく理解できておらず混乱してしまうケースが多くあります。その理由は、決算書の箱の５つを正確に記憶してないことや商品の購入原価の部分と売上を混合してしまっているからです。

正しく理解するためのコツは、販売されることによって商品としての使命を果たした、だから貸借対照表から別な場所である損益計算書に移動しなければいけないというイメージを持つことです。

〔図表 16　ワーク④ -2.　商品が役割を果たし、売上原価となる〕

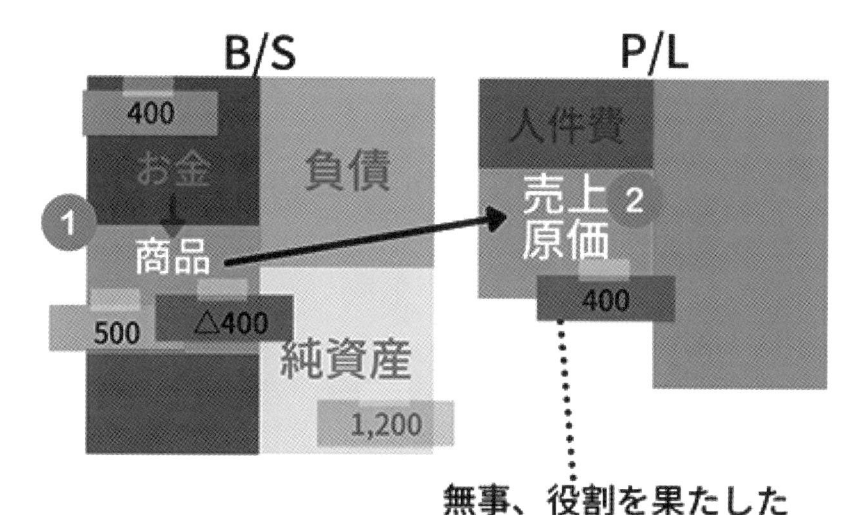

貸借対照表の資産の箱にあった 500 の商品からお客様に売れた分だけを減らすために付箋にマイナスの 400 を記載しましょう。続いて、その商品が移動する箱に付箋を貼るために 400 を記載してください。この 400 がどこの決算書の箱に移動するか？　というとそれは損益計算書の費用です。会計的な用語で「売上原価」と言います。400 という金額は、購入金額であり利益は含まれていません。そのため原価という言葉を使います。

付箋を貼った結果、商品（400）の商品が減少して同額の売上原価という費用が増えます（図表 16）。

【ワーク】⑤対価として売掛金を受け取り、売上を認識する

顧客に価値を与えましたので 900 の対価を受け取ります。ほとんどのビジネスの場合は売上を認識するタイミングと実際にお金が入金されるタイミングはズレます。この場合、売掛金として計上します。

〔図表 17　ワーク⑤対価として売掛金を受け取る〕

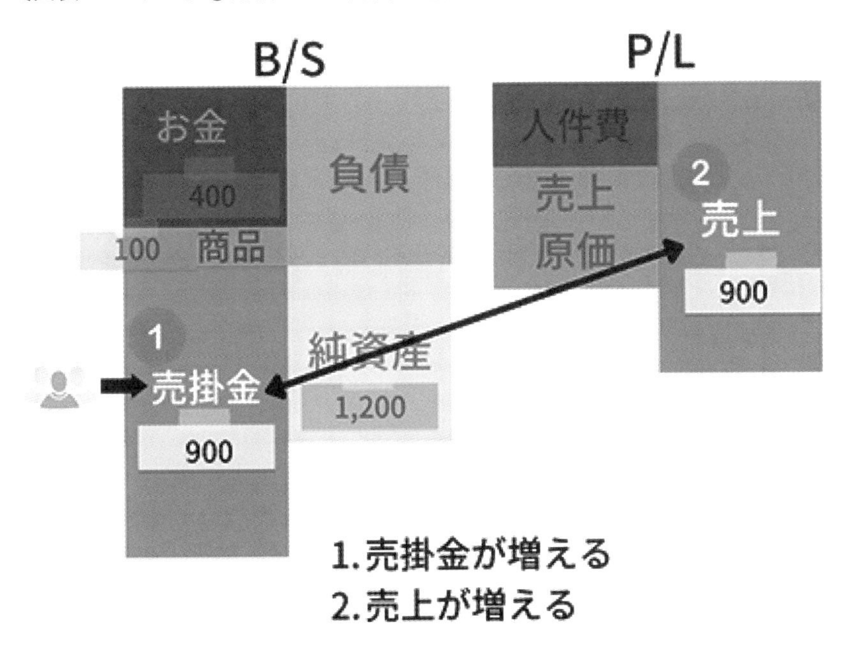

売掛金が増えて売上が増えます。売掛金は回収してお金になるパワーがあるので資産です。

販売金額は 900 なので、付箋に同額を記入し資産の箱に売掛金を増やします。

そして、この 900 は販売金額であることから損益計算書の右の箱の売上を増やします（図表 17）。

【ワーク】⑥費用と売上を対応させる　差し引きする

続いて売上と費用を対応させて差額の利益を算出します。計算自体は非常にシンプルですよね（図表 18）。

ワーク 5 までのそれぞれの付箋の売上の 900 から人件費の 300 及び売上原価 400 を差し引きし、その結果、差額の 200 が利益となります。

〔図表18　ワーク⑥費用と売上を対応させる差し引きをする〕

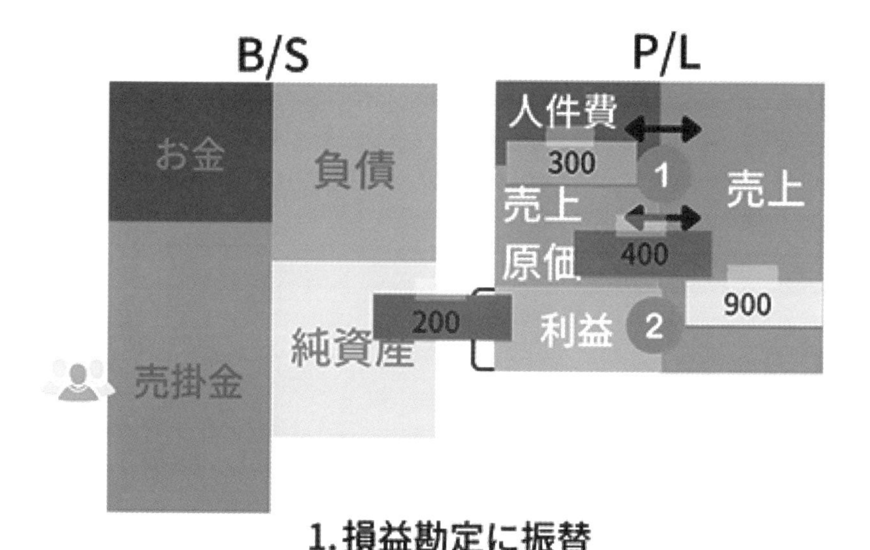

このとき、対応関係を強く意識しましょう。なぜならば、取引の数が増えていくとこの対応関係が一致しないケースが発生するからです。

正しい利益を計算するためにはこの対応関係がきちんとしていないといけません。売上は計上しているのにこれに対応する費用が計上されていないという場合です。

この対応関係については、稲盛和夫氏の『稲盛和夫の実学―経営と会計』（稲盛和夫著、日系ビジネス人文庫）の一対一の対応を貫く【一対一対応の原則】部分を是非詳しく読んでみてください。売上と仕入が対応していなかった事例なども取り上げられており、その重要さが事例とともに学べます。

なお、よく世間で騒がれている不正会計の要因を突き詰めれば、多くの場合この対応関係に行き着きます。売上だけを早く計上して対応する購入原価を貸借対照表の資産の箱に入れっぱなしにすると利益が水増しできるというカラクリです。

【ワーク】⑦利益を計算する　利益が純資産となる

最終ステップです。ステップ6が終わった段階での貸借対照表を確認しましょう（図表19）。

〔図表19　ワークその前に…〕

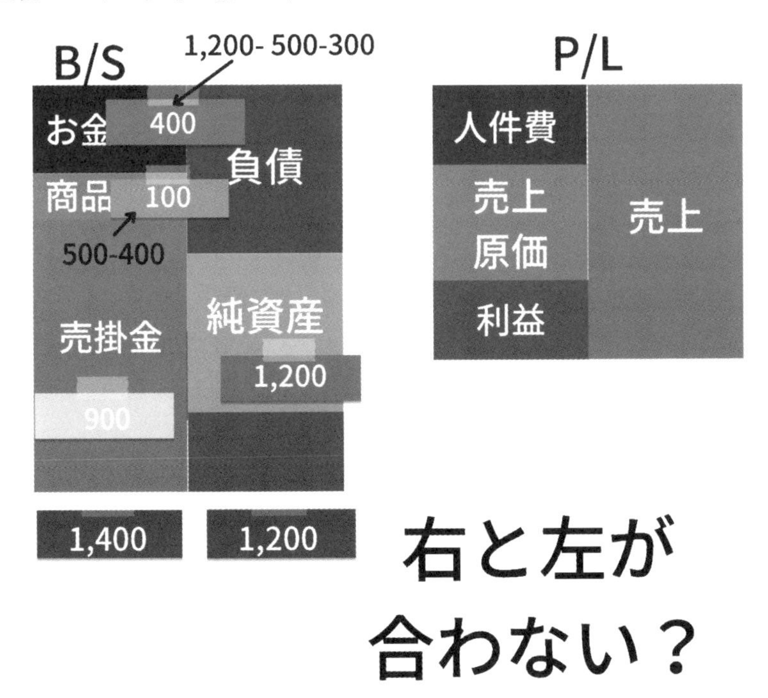

お金は、400（1,200-500-300）。

商品は、100（500-400）そして、売掛金は900となり資産の合計（貸借対照表の左の箱）は1,400となっています。

一方で右の箱である負債と純資産の合計は1,200？　に見えると思います。資産との差額が200生じています。

感のいい方はお気づきかもしれません。そう、これは損益計算上で計算された利益200と一致しますよね。

このステップでは、損益計算書の箱をくるっと回転させ、貸借対照表と一

〔図表 20　ワーク⑦利益を計算する利益が純資産となる〕

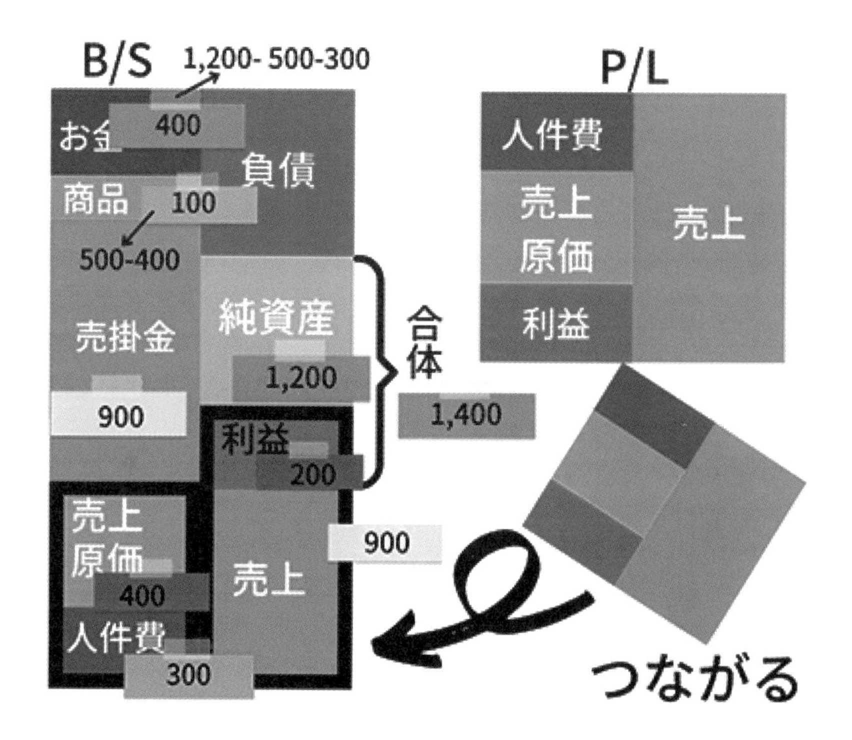

致させるイメージを持つといいでしょう（図表 20)。

このようにすると貸借対照表と損益計算書のつながりがあなたの脳みそに焼きつくと思います。

これまでのストーリーと図解を１枚のマップにまとめると図表 21 のようになります。

貸借対照表の箱の右から左へお金が流れ、資産の箱に入ったお金をうまく化けさせて、利益を稼ぐという大きなストーリーを思い描いてください。

これは専門用語で、財務活動、投資活動、営業活動と表現されます。右から左にお金が流れる活動を財務活動と呼び、資産のお金をうまく化けさせることを投資活動と呼び、利益を稼ぐ活動を営業活動と呼びます。

〔図表21　ストーリー会計チャート〕

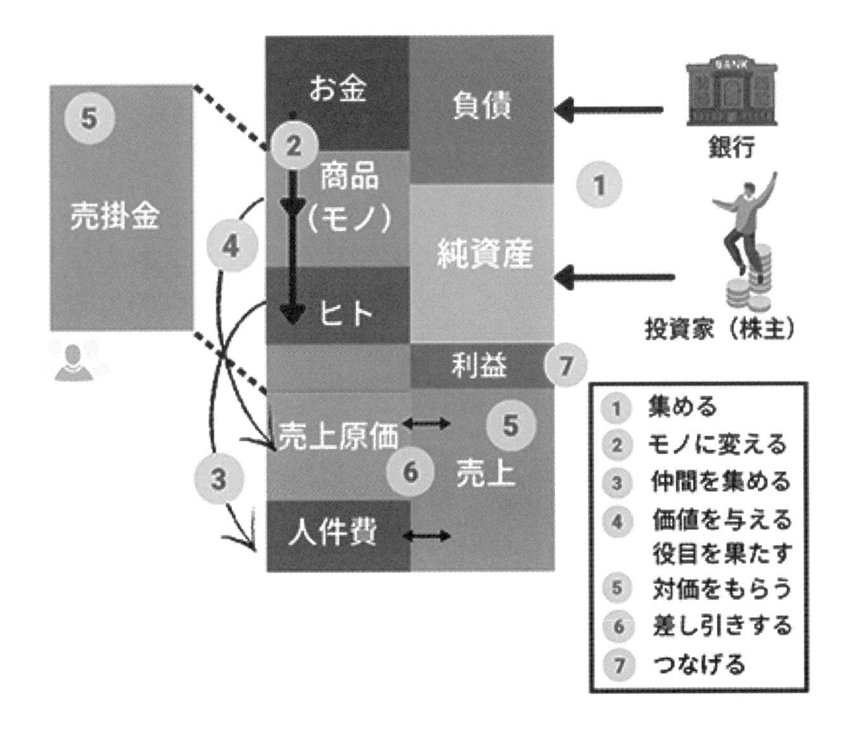

「シンプルで簡単すぎる」と感じた人もいるかもしれません。しかしながら、会計の仕組み・構造はどんなものなのか？　という意味では、上記のステップで十分です。どんなに大きな企業であれ、イケイケのベンチャー企業であれ、この会計の仕組みは同じなのです。

話を極端に簡単にして理解する思考を身につけよう！

この一見複雑に見えるようなことを簡単・シンプルにするという思考は、会計を利用したコミュニケーションでとても重要になるので、是非覚えておいてください。

このような思考を持つためにオススメの素晴らしい書籍があります。それは、『世界がもし100人の村だったら』（池田 香代子（著）, C.ダグラス・

ラミス（翻訳）、マガジンハウス）です。地球に住む約73億人の人々を100人の住む村に例え、宗教、年齢、人種などの世界情勢を知り相互理解を深めようという書籍です。

数値をシンプルにして構造を理解することを可能とした見事な書籍です。私もこの思考法を普段からよく使っています。現地の人とのコミュニケーションにも役立ちます。

4　会計のポイントは、表裏一体、２つの視点で捉える

１つの取引について必ず２つの視点で捉える

これまでストーリーと図解、実際の数値を使って会計の仕組みをお伝えしました。もしかしたら既に感じているかもしれませんが、会計のポイントは**１つの取引について必ず２つの視点**で捉えることです。まさに「表裏一体」なのです。

最初のうちは、慣れないかもしれませんが、繰り返し思考することで慣れてきます。専門用語を使うと「借方・貸方」などといいますが、それは無視して構いません。

あなたが普段ビジネスで実際に触れている取引が生じたときに、２つの視点を持つことが重要です。

これまでいろいろな社長様とお話させていただきましたが、会計が理解できていない人はこの視点が弱いです。例えば、借入金をしたら「借入金」が増えた。という単一的な視点となっています。

しかし、それは正しくありません。なぜなら、２つの視点で見ていないからです。

・コインには裏表があります。
・紅白歌合戦は、紅組と白組で競い合います。
・プログラミングも、背後にある言語と実際の表の見た目があります。
・人間の性格にも裏表があります。

このように世の中には単一ではなく２つの視点で成り立っていることが、多いですよね。会計も同様だと思ってください。

例えば、
・モノを買った→①商品が増えた。②お金が減った。
・出張に行った→①旅費交通費が増えた。②お金が減った。
・サービスが売れた→①お金が増えた。②売上が増えた。
といった具合です。

２つの視点がありますよね。このルールに従って考えることで正確に理解できますし誤りが防止できます。

私が現地社長様とお話するときに混乱してしまう主な原因は、この２つの視点のうちどちらかが抜けているときです。

5　会計は結局５つの箱しかない

会社の取引数は７つのストーリーにあてはまる

これまで７つのストーリーと関連させ実際の数値も利用しながら、あなたは、会計の最も重要な構成要素について学んでいたことにお気づきでしょうか？

①お金を集める、②モノをに変える、③仲間に集める、④価値を与え、役目を果たす、⑤対価をもらう、⑥差し引きする、⑦つなげる、この７つのストーリーには会社のビジネスの種類を抽象化させた会計に関する取引内容が詰まっています。つまり、ほぼほぼ網羅的です。具体的に言うとあなたの会社の取引数が、何千、何万、何十万とあろうとも、基本的にはこの７つのストーリーにあてはまります。取引の数がどんなに多かったとしても、５つの箱ですべて説明ができます。そう、図表22の５つの箱です。

それは、資産・負債・純資産、収益・費用の５つの箱です。第２章でお伝えさせていただいた「会計苦手マインドブロックの外し方」での、会計には５つの箱しかないんだという点とつながってきたと思います。私が海外子会社の社長様を支援してきた中で、このように会計は実はシンプルであることをお伝えすることで、多くの社長様のマインドセットが変わっていくのを目の当たりにしました。

ですから非常に大事なことなので再掲します（図表22）。

〔図表 22　結局、会計は５つの箱しかない〕

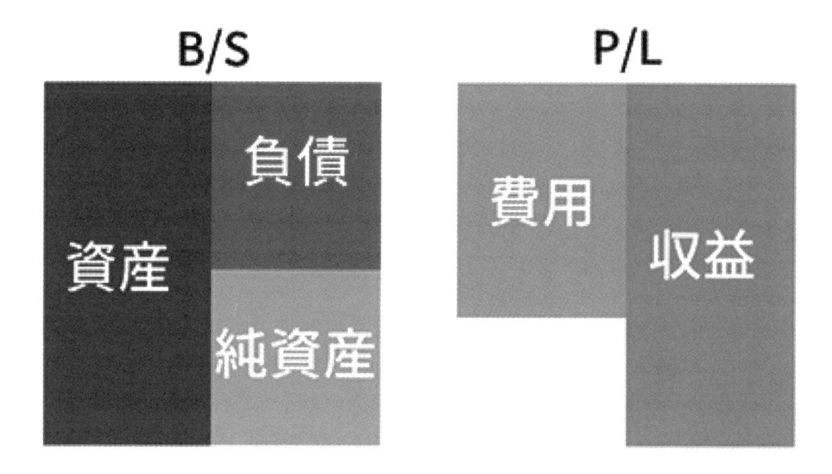

そうなんです。たった５つの箱をしっかりと理解するだけで会計のエッセンスを学ぶことができるのです。

第３章のまとめ

- 会計の構造と仕組みを理解するためには図解（５つの箱）と７つのストーリーをリンクさせると理解しやすい。
- ５つの箱とは貸借対照表の資産・負債・純資産と損益計算書の収益・費用のこと。
- ビジネスの７つのストーリーは①お金を集める、②モノをに変える、③仲間に集める、④価値を与え、役目を果たす、⑤対価をもらう、⑥差し引きする、⑦つなげる。
- 実際に簡単な数値と付箋を使って、そのつながりの仕組みを実践ワークすると理解が深まる。どんな大きな会社でもこの構造は同様だと理解しよう。
- ポイントは、１つの取引が生じたら必ず２つの視点で捉えること。
- 会計は結局５つの箱のなかでの動きでしかない。

第２部　会計の仕組みを「理解」する

第４章
ベトナムの会計の３つのわかりにくい点

ベトナム会計の特徴

これまで会計の構造を学んできました。続いてベトナムの会計の特徴をお伝えします。ベトナムの会計は、主に次の点で特徴的です。

⑴　勘定科目があらかじめルールで定められているが、それがいけてない
⑵　前払費用がわかりにくい、棚卸資産と前払費用、固定資産の区別がわかりにくい
⑶　911という謎の勘定科目がある

このような特徴があることから、ベトナムの社長様は会計をせっかく学ぼうとしても、大きな壁にぶちあたってしまうのです。

私は、ベトナムでのビジネスの経験を2016年から開始していますが、社長のための経営のための会計という意味では、上記の３つをまず理解することがポイントです。

1　ベトナム会計の特徴とは

もちろん、細かくて複雑な論点はもっとたくさんあります。例えば、次のような特徴的な点があります。まずは知識として理解しておくだけで問題ないと思います。

・会計年度の決算月が12月を基本にして３の倍数（12月､3月､6月､9月）。
・チーフアカウンタントという特有の制度がある。
・減価償却の耐用年数には幅がある（例６年～20年）。
・財務諸表で表示される通貨の種類。
・営業利益に支払利息も含まれてしまう。
・土地の会計処理。

このような点も学べばベトナム会計を深く理解できることが期待できるでしょう。

しかし、本書の目的はあくまで「経営のための会計」です。この目的と照らし合わせると、前述の３つの特徴を重点的に理解すれば十分でしょう。

次に日本との会計基準等との比較も参考までに掲載しておきます（図表23）。

〔図表 23　ベトナム会計と日本のおおまかな比較〕

カテゴリ	番号	内容	ベトナム	日本	ベトナムの実務上のトピック
会計の枠組みルール	1-1	指定された勘定科目コードを利用する必要性	決まっている	自由	・カスタマイズが不十分 ・勘定科目で会話 ・911という勘定
	1-2	会計年度が決まっている	3の倍数	自由	12月だけと思っている人が多い
	1-3	会計監査について	外資はすべて	要件を満たした大規模な会社（上場など）	監査報酬の3つのカテゴリ 会計年度との関連
	1-4	機能通貨について	ベトナムドン、一定の場合USドル	円	EPEの会社は通常USD
	1-5	会計帳簿の言語について	ベトナム語	日本語だが、内部資料にルールはない	内部報告用には、日本語もあったほうがいい
	1-6	チーフアカウンタントという制度	あり	なし	チーフアカウンタントの能力に関する勘違い
書類	2-1	どのような会計書類を保管する必要があるか？	財務諸表とその他の書類	「帳簿」の保管	どこまでの書類なのか？明確でない部分がある
	2-2	会計に関する書類の保管期限は？	5年、10年、永久保管	税法上は原則7年 会社法は10年	書類を紛失してしまうリスク、担当者変更による引き継がれないリスク
	2-3	会計に関する書式の形式、フォーマット	紙ベースと電子ベースで法律上は認められている	ペーパーレス化の促進を目的とした電子帳簿保存法	税務担当官は、紙を好む
	2-4	会計に関する書類には署名が必要	すべての重要な会計帳簿	すべてではない	すごい煩雑になる可能性
会計処理	3-1	固定資産の耐用年数には幅がある（例：7年-20年）	ある	なし（税務上のリストあり）	P/Lに影響するため経営陣がきちんと春き込む必要あり
	3-2	棚卸資産の評価方法	個別法 総平均法 先入先出法	左記に加え 移動平均法、売価還元法、最終仕入原価法	総平均法を採用するケースが多い
	3-3	ゴルフ会員権の会計処理	償却	評価	持っている会社は少ない
	3-4	前払費用、棚卸資産、固定資産の違い	ややこしい、不明確	明確	勘定科目の入り繰り
	3-5	退職給付引当金	なし	難易度高い	ベトナムは導入されていない
	3-6	営業利益が本業の利益でない	利息が含まれる	本業	営業利益がわかりにくいので留意
	3-7	土地の処理	国のもの	所有できる	長期前払費用として処理

なお、この章ではベトナムの「会計ルール」という言葉を利用していきます。

実際には、第 200/2014/TT-BTC 号という通達が存在し、ここには詳細な会計のルールが記載されています。主にこの第 200/2014/TT-BTC 号のことを「会計ルール」という言葉で表現していきます。

その他の通達やベトナム会計基準も、多く存在しますが、いちいち通達等の名前を記載してしまうと煩雑になってしまいわかりにくくなるため「会計ルール」という言葉で統一します。

2　勘定科目コードがルールによって決まっている。でも、これがいけてない

抽象度が高すぎる

これが、ベトナムの会計ルールにおいて、最も特徴的な点です。勘定科目コードが、あらかじめ法律によって定められているのです。具体的に言うと、現金であれば、この勘定科目（例：111）をどの会社も利用しましょう！ということです。

このこと自体は非常に有用だと思います。なぜならば、会社間の比較可能性が高まるしコミュニケーションも効率化されるからです。例えば、ベトナム人の会計担当者の会話では、「売掛金がね」「この間の接待交際費が○○で」

などの、勘定科目の名前が登場してきません。勘定科目コードの番号で、会話するのです。

どの会社にであっても、共通の勘定コードなので、会社が違っても、例え、転職しても、すぐにコミュニケーションできるというメリットもあります。

しかし､デメリットもあります。それは､あらかじめ定められているデフォルトの勘定科目がそもそもいけてないという点です。具体的に言うと抽象度が高すぎるのです。

特に費用科目の「一般管理費」（図表24）「販売費」（図表25）「製造間接費」（図表26）は正直ひどいです。それぞれの図表をご覧ください。日本の一般的な勘定科目と比較すると一目瞭然でしょう。

〔図表24　一般管理費〕

番号	一般的な勘定科目	ベトナム勘定科目に当てはめると？
1	賃金	6421 給与手当
2	賞与	
3	雑給	
4	法定福利費	
5	福利厚生費	
6	消耗品費	6422事務消耗品費 6423消耗品費
7	事務用品費	
8	車両費	6424減価償却費
9	租税公課	6425 租税公課
10	修繕費	6427 外注費
11	減価償却費	
12	貸倒引当金等	
13	接待交際費	
14	諸会費	
15	賃借料	
16	新聞図書費	
17	水道光熱費	
18	運賃	
19	旅費交通費	
20	会議費	
21	通信費	
22	支払手数料	
23	保険料	
24	雑費	6278 その他費用

〔図表 25　販売費〕

番号	一般的な勘定科目	ベトナム勘定科目に当てはめると？
1	給与	6411 給与手当
2	賞与	
3	雑給	
4	法定福利費	
5	福利厚生費	
6	販売手数料	6412梱包費、荷造運賃、荷造運送費
7	荷造費	
8	運搬費	
9	保管料	
10	事務用品費	6413 消耗品費
11	消耗品費	
12	減価償却費	6414減価償却費
13	保証費	6415保証費
14	広告宣伝費	6417 外注費
15	研究開発費	
16	寄付金	
17	教育費	
18	採用費用	
19	水道光熱費	
20	リース代	
21	車両費	
22	旅費交通費	
23	修繕費	
24	保険料	
25	賃借料	
26	接待交際費	
27	諸会費	
28	新聞図書費	
29	会議費	
30	通信費	
31	支払手数料（報酬）	
32	雑費	6418 その他費用

このように比較してみると、日本との違いとベトナム側の抽象度の高さがよくわかりますよね。特に4桁目が7の「外注費」の抽象度の高すぎることがわかると思います。英語だと「Outsourced service costs」と表現されています。例えば、日本の損益計算書の一般的な次の費用科目がベトナムの会計ルールでは個別に存在しません。

・水道光熱費

・接待交際費

・賃借料

・広告宣伝費

・支払手数料

・採用費用

〔図表 26　製造間接費〕

番号	一般的な勘定科目	ベトナム勘定科目に当てはめると？
1	賃金	6271 間接工労務費
2	賞与	
3	雑給	
4	法定福利費	
5	福利厚生費	
6	補助材料費	6273 補助材料費
7	工場消耗品費	6273 工場消耗品費
8	消耗工具器具費	
9	試験研究費	6277 外注費
10	賃借料	
11	外注加工費	
12	電力費	
13	水道光熱費	
14	運賃	
15	旅費交通費	
16	通信費	
17	修繕費	
18	保険料	
19	減価償却費	6274 減価償却費
20	雑費	6278 雑費

ベトナムであらかじめ決められている勘定科目だけで設定していると、よくよく考えると疑問が生じることがあります。例えば「え！　交際費は？　修繕費は？　どこの勘定科目なの？」と感じるはずです。

ベトナム勘定科目のカスタマイズ方法

そのため、このベトナムのルールのオリジナルの勘定科目をそのまま利用しても、勘定科目としての本来の役割を果たしてくれません。つまり、本書の目的である「財務諸表からビジネス活動の実態を読み取る」ことができないのです。それゆえにカスタマイズが必要になります。ではどのようにカスタマイズするのか？　ですが、サブコード、子勘定を設けてカスタマイズします。図表 27 をご覧ください。ただ、新しく勘定科目コードをつくるとは意味合いが異なりますので、その点は注意しましょう。

〔図表 27　勘定科目のカスタマイズ方法〕

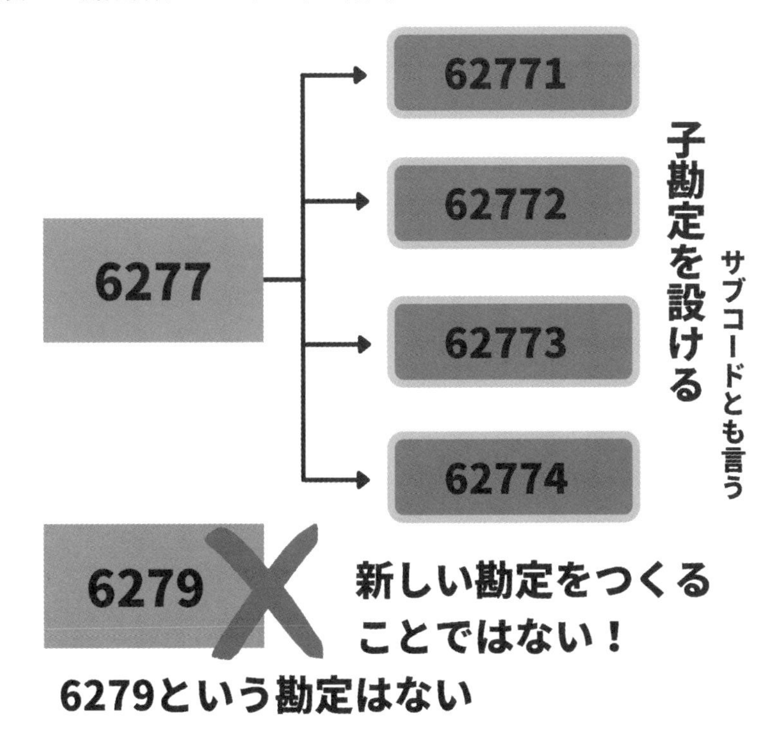

ベトナムの勘定科目のルールの構造を理解しよう

ベトナムの勘定科目番号には一定のルールがあります。こちらを理解しておくといいでしょう。厳密に言えば、回収や支払いの見込みが 1 年を超えると固定項目に表示される科目（例えば売掛金の回収見込みが 1 年を超えるなど）がありますが、それについては無視しています。

・1 番から始まるのは、流動資産

・2 は、固定資産

・3 は、負債

・4 は、純資産

つまり、1 から 4 番台は B/S 項目です。

・5 から始まるのはは、売上などの収益

・6 番台は、売上原価、販売管理費など
・7 番台は、その他収益
・8 番台は、その他費用

です。つまり、5 番台から 8 番台は P/L 項目になります。また後ほど詳しく解説しますが 911 という勘定科目も存在します。

ベトナムの勘定科目と決算書の関係

ベトナム決算書の 5 つの箱を意識した貸借対照表（図表 28）及び損益計算書（図表 29）は次の通りです。

〔図表 28　ベトナムの勘定科目と B/S〕

貸借対照表

資産

流動資産

111	現金
112	現預金
113	未着現金
121	有価証券
128	その他短期投資等
131	売掛金
133	仮払付加価値（VAT)税
136	関係会社債権
138	その他未収入金
141	前渡金
151	未着品
152	原材料
153	貯蔵品（工具　消耗品）
154	仕掛品
155	製品
156	商品
157	積送品
158	保税倉庫商品
161	国庫等に関する支出
171	再販売用国債

固定資産

211	有形固定資産
212	リース資産
213	無形固定資産
214	減価償却累計額
217	投資不動産
221	子会社投資
222	関連会社投資
228	その他の投資
229	資産性評価引当金
241	建設仮勘定
242	前払費用
243	繰延税金資産
244	保証金、敷金

負債

331	買掛金
333	未払税金等
334	従業員未払金
335	未払費用
336	関係会社への債務
337	工事契約に基づく工事未払金
338	その他未払金
341	借入金及びリース債務
343	社債
344	預かり金
347	繰延税金負債
352	引当金
353	賞与・福利厚生にかかる引当金
356	科学技術開発引当金
357	物価安定化引当金

純資産

411	資本金
412	資産評価差額金
413	為替換算調整勘定
414	投資開発積立金
417	民営化積立金
418	その他積立金
419	自己株式
421	利益剰余金
441	建設投資積立金
461	国営事業積立金
466	固定資産として使用される国営事業積立金

〔図表 29　ベトナムの勘定科目と P/L〕

損益計算書

原価及び費用		収益	
611	材料購入	511	売上
621	直接材料費		
622	直接労務費		
623	設備費		
627	製造間接費		
631	製造原価		
632	売上原価		
635	財務費用		
641	販売費		
642	一般管理費		
その他			
711	その他の収益		
811	その他の費用		
法人税			
821	法人税	515	財務収益
911	損益勘定	521	売上控除

勘定科目は「具体と抽象」を行ったり来たり

勘定科目とは？

では、そもそも「勘定科目」とはなんでしょうか？　勘定科目とは、ビジネス活動の性質を表現したものです。今風に言い換えると、ハッシュタグのようなものです。

インスタや Facebook, Youtube ではハッシュタグによって、我々の属性をグルーピングしますよね。例えば、＃コーヒー好きな人と繋がりたい、というハッシュタグであれば、この属性の人と繋がることができます。ラベルといったイメージでも問題ありません。

取引がイメージできるレベルで、グループ化して名前がついたものだと理解しましょう。この「取引をイメージできる」レベルという点が重要です。

例えば、A さんの給与、B さんの給与…という感じで勘定科目があったとすると、困っちゃいますよね。多すぎるし、細かすぎる！　と感じるはずです。従業員が 1,000 人以上いたら 1,000 個の勘定科目となってしまいます。

これではものすごいわかりにくい決算書が出来上がってしまいますよね。

であれば「人件費というラベルにしよう」と、まとめてしまったほうがわかりやすい。となります。このようにすれば、ここの勘定科目には、A さん、B さんの給与が含まれてるんだなとイメージできるはずです。

このように勘定科目の設定方法は非常に重要です。このレベルが適切でなければ本書の会計の目的を達成することができません。

コロンブスの新大陸の発見

ここで、こんなお話を紹介しますね。有名なコロンブスが新大陸を発見したときなどは、財務諸表の内訳として、資産・負債・純資産しかないようなおおざっぱな決算書だったそうです。貸借対照表の３つの箱です。一方で、収益と費用の箱は存在しなかったようです。さすがに、これだと内訳がわからないので、会社のビジネスの具体的な内容を理解することができません。ビジネスを理解するにあたり、資産とは言ってもお金が多いのか？　土地などの資産がほとんどなのか？　という情報はすごく大事です。

そこで、会社のストーリーが読み取れるための会計の５つの箱の「内訳」「ハッシュタグ」「ラベル」が必要となったのです。それが「勘定科目」です。

例えば、資産の代表的な勘定科目として現預金、棚卸資産及び固定資産があります。

財務諸表を見るときは「抽象から具体」で勘定科目の設定は「具体から抽象」

財務諸表見るときは、勘定科目（抽象）から取引（具体）が必要です。反対に勘定科目を設定するときは、取引（具体）から、合理的な勘定科目（抽象）を意識する必要があります。

別な言い方をすると**「社長が決算書を見るときに見やすい」（抽象から具体）と、「経理担当者が、正しい勘定科目を決める」（具体から抽象）**となります（図表 30）。ですから、ベトナムの経理担当者もビジネスの深い理解が必要です。具体的なビジネスシーンの理解なしでは正しい設定ができないからです。加えて抽象化のスキルが必要となるでしょう。ベトナムで働いているときによく感じるのはこの抽象化のスキルが不足している点です。

〔図表 30　抽象と具体を行ったり来たり！〕

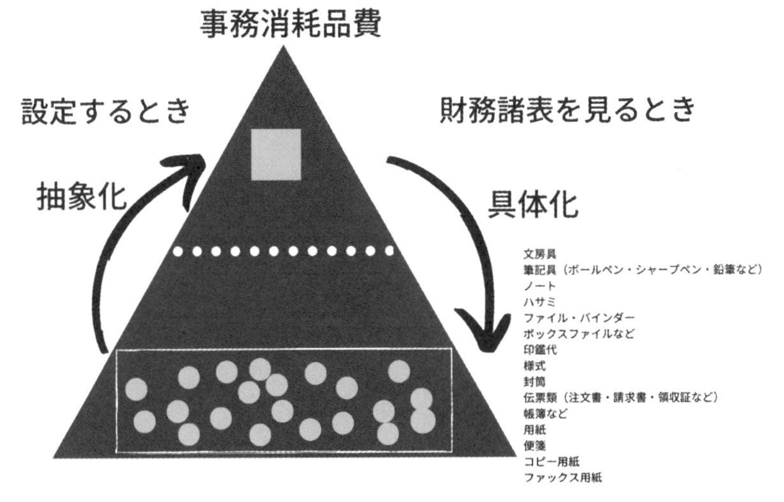

勘定科目は、具体と抽象を往復するんだということを強く意識しましょう。この往復ができない場合にはそれは設定が誤っているということです。

ベトナムあるある？　「勘定科目」が、まるで幕の内弁当だ！
抽象度が高すぎる勘定科目をそのまま利用

このようにデフォルトで設定されている勘定科目がフワっと抽象的であるため、なんでもかんでもベトナムの経理担当者は、「Outsourced service costs」に取引を入れようとしてしまいます。つまり、抽象度が高すぎる勘定科目をそのまま利用してしまうのです。まるで幕の内弁当です（図表31）。

例えば、広告宣伝費、採用費、修理費、接待費、教育費用などは性質も目的も異なることから勘定科目を分類すべきです。しかしながら会計ルールで定めてある勘定科目であれば問題ないという思考から 1 つの勘定科目にこれらの科目を含めてしまうのです。

一個の「ハッシュタグ」「ラベル」に、複数の食材がてんこ盛りなのです。これでは経営に利用できる情報だとは言えません。

〔図表 31　まるで幕の内弁当だ！〕

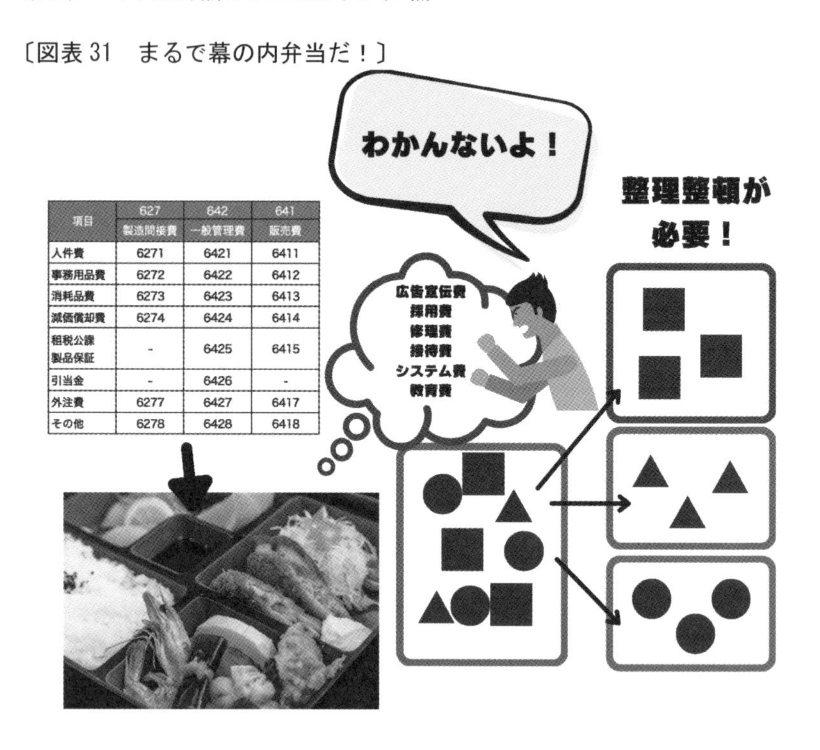

項目	627	642	641
	製造間接費	一般管理費	販売費
人件費	6271	6421	6411
事務用品費	6272	6422	6412
消耗品費	6273	6423	6413
減価償却費	6274	6424	6414
租税公課 製品保証	-	6425	6415
引当金	-	6426	-
外注費	6277	6427	6417
その他	6278	6428	6418

なぜならば、ベトナムの経理担当者は税務視点やコンプライアンスだけの意識が強いことが多く、会計を経営に活かす視点が弱いため勘定科目の設定について疎かになってしまうのです。これは第２章の【第５の落とし穴】でもお伝えした通りです。

弊社の専門家（会計士・税理士）でもこの勘定科目を合理的なレベルで設定する意味合いをきちんと理解できていないケースがあります。専門家であっても税務だけ意識した「税務脳」に陥っており、経営をよりよくするための情報という意識が低いからです。ベトナムの会計ソフトの特徴とも関連してくるでしょう。

つまり、ベトナムであらかじめ定められた勘定科目を前提としたレポートしか出力されないことがあるためサブコードを設けて管理する意識がどうしても低くなってしまうのです。ここで、本書の目的をもう一度思い出してみましょう。

それは**「あなたの会社のビジネスと財務諸表の数値がリンクすること」**でしたね。
財務諸表を見て、会社のストーリーが頭の中に3Dのように思い浮かぶことです。
そうだとすると、勘定科目にいろんな種類の取引が入ってしまうとそこからストーリーを読み取るのが不可能となってしまいます。
例えば、お客様との飲食代、機械の修理費及びオフィスの家賃などが、「Outsourced service costs」という1つの勘定科目に含まれていたらどうでしょうか？　もはや、いらだちや怒りのレベルまで達してしまうかもしれません。
会社のストーリーを、読み取れるようにするためには、やはり、最適なレベルに細分化された勘定科目の設定が必要となります。

ベトナム人だって現状維持バイアスが強いし、ちょっと雑なところがある

日本人は「変化を恐れる」「変わらない」とよく言われますよね。私もそう感じています。ベトナムから久しぶりに日本に帰国しても、まったく変わっていない景色を目の当たりにすることが多いです。ほとんど変化していません。景色もルールも変化していないように感じます。ただコロナによる影響でいろいろ変化した部分がありますが。
では、ベトナムではどうでしょう？　もちろん現在経済の発展が著しいため、街並みの景色は日々変わっています。しかしながら、正直申し上げましてベトナムもある部分では「変わらない」という点では日本に負けていません。
実際、ベトナムでベトナム人と働いて私が感じることは、「もっと変えていこうよ！」という点です。
例えば、私が2週間ほど日本に帰国しそのあとベトナムに戻ってくると、オフィスのホワイトボードの記載の内容がまったく変わっていなかったという状況もあったりします（笑）。
ただ、もしかしたら北部のハノイの人の特徴であって南部のホーチミンとは異なるかもしれません。

変化を嫌う、面倒臭いと感じてしまう！

これは、極端な例かもしれませんが、それ以外にも計算資料やメールの雛形をそのまま、ずっと使い続けるということがよく発生します。「前任者がそうしてたから…」「テンプレートがこうだから…」という説明をされることがよくあります。

つまり、現状維持バイアスが特に強いと言えます。この現状バイアスとは、変化や未知のものを避けて現状維持を望む心理作用のことです。現状から未経験のものへの変化を「安定の損失」と認識し、現在の状況に固執してしまうという心理のことです。

この人間本来持っているバイアスに加え、ベトナムの文化や教育がもしかしたら、関係しているのかもしれません。「変化を嫌う、面倒臭いと感じてしまう」そんな印象が強いです。

これをベトナムの会計に当てはめると会計ルールのデフォルトの勘定科目をそのまま使おうとする傾向が強いです。そうすると上述した「幕の内弁当」が出来上がってしまい、よくわからない決算書が出来上がってしまいます。１つの勘定科目に、交際費や修繕費、交通費等が含まれていたら会社の実態がよくわからないですよね。

少し雑なところもあって勘定科目が適切に設定されないケースあり

これに加えてベトナム人は日本人と比べてどうしても雑なところがあると感じます。例えば、紙面に穴あけパンチで穴をあける際も、穴の位置がズレズレであったり、エクセルのフォントの統一感がなかったり、セルから文字が飛び出ていても気にしていなかったりするケースがよくあります。

こんな背景があることから5S教育は重宝されます。５Sとは製造現場での職場環境改善のための活動で、「整理」「整頓」「清潔」「清掃」「しつけ」の５つの言葉のローマ字の頭文字です。ベトナムでの製造現場に訪問すると必ずと言っていいほど５S活動の看板を見ます。

このようにベトナム人はもともと少し雑なところもあるので「勘定科目が適切に設定されていなくても問題ないでしょ」というマインドになってしまうのかもしれません。

３　前払費用がわかりにくい。
棚卸資産と前払費用、固定資産の区別がわかりにくい

わかりにくい勘定科目３つ

続いて、棚卸資産と前払費用、固定資産がわかりにくさという点です。次の２つに分類してお伝えします。

・前払費用自体がわかりにくい。
・棚卸資産と前払費用、固定資産の区別がわかりにくい。

まずは、前払費用自体がわかりにくい点について解説していきます。

前払費用自体がとてもわかりにくい

私は2016年からベトナムで働き始めました。専門家としての支援としてベトナムの決算書をレビューしている際、大きな疑問点、違和感がありました。それは、「前払費用が煩雑だな！　なんだろこれ！」です。

なぜならば、ベトナムの前払費用には、日本の会計基準で考えられる前払費用以外の取引が含まれ煩雑だったからです。

例えば､パソコンや椅子などの消耗工具器具備品も含まれるのです。なぜ、このようになるのかを解説していきます。この点、次の３点に整理して解説していきます。

①　前払費用の定義がそもそも違う。
②　この人の判断ではないか？　恣意性が入る。
③　ベトナム人のマインドからくる煩雑さ。

前払費用の定義がそもそも日本基準と違い範囲が広い

まず、日本における前払費用の定義を確認していきましょう。

前払費用とは、一定の契約に従い継続して役務の提供を受ける場合、いまだ提供されていない役務（サービス）に対し支払われた対価のことです。わかりにくい表現ですが、後述する具体例を見ていただければ理解できますので安心してください。

着目すべきポイントは、次の２つです。

・「役務（サービス）」

・「契約（期間が明確かどうか）」

それでは、具体的に日本ではどのような項目が前払費用に含まれるのでしょうか？　次の項目が代表的な前払費用でしょう。

・前払いの生命保険料、損害保険料、火災保険料

・前払いの借入金利息

・前払いの事務所などの家賃・駐車場代などの地代料金

・前払いのリース料

・前払いの保証料

上記のうち、家賃などがイメージしやすいかと思います。例えば家賃を１月に６ヶ月分を前もって支払った場合で１月の月次決算をする場合、将来の５ヶ月分はまだそこに住めるのでサービスを消費していないため前払費用として計上されます。

余談ですが、ベトナムでは、オフィスを契約する際、３年で契約し、賃料は３ヶ月から６ヶ月分で前払いするのがよくあるパターンです。

一方、ベトナムにおける前払費用はどうでしょうか？

ベトナム会計ルールによれば、前払費用の具体的な取引例も記載されています。次に、一部、例を挙げます。

⑴　固定資産オペレーティングリース（土地使用権、工場、倉庫、オフィス、店舗およびその他の固定資産）料の支払い

⑵　保険購入（火災保険、民事責任保険、車体保険など）から発生する費用、および企業が複数の期間にわたって一括払いして支払う料金

⑶　工具、消耗品、再使用可能な梱包資材、または複数の期間における営業活動に関連するもの

⑷　借入金の前払利息の費用

３つ目を見ると、消耗工具備品、つまり「モノ」が含まれてることがわかります。ここで、ベトナムにおける固定資産の計上基準のポイントもお伝えします。固定資産の定義が前払費用及び棚卸資産に関連してくるからです。

⑴　その資産を使うことによって将来、お金が生み出されるか？（機械を使っ

て製品を製造する。製品を販売することによってお金が生み出される）

⑵　1年以上利用できるか？（会計年度は、1年ごとなのでその期間以上使うことが前提となる）

⑶　金額が30,000,000ドン以上か？

この3つの条件を満たせば固定資産となります。この固定資産の金額基準にひっかからなかったのはどうなるのか？　という疑問が生まれませんか？　この場合、ベトナムでは前払費用に含まれます。まとめると、ベトナムでは次の2点が「前払費用」に含まれていることになります。

・消耗工具備品などの“モノ”

・固定資産の金額要件を満たさなかった“固定資産”

日本における前払費用は、あくまで「サービス」であり「期間が明確」です。一方で、ベトナムでは上記のように「モノ」が含まれてしまうんですねモノについてはどれくらいの期間で利用できるか？　について明確ではありませんよね。つまり、ベトナムの前払費用の範囲が広いのです（図表32）。この点がわかりにくくなっている要因です。

〔図表32　ベトナム前払費用の特徴〕

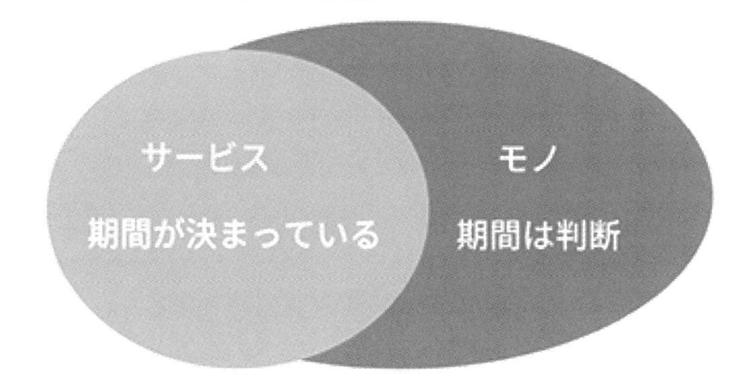

ベトナムルールにおける前払費用の定義

ベトナムの会計ルールによる前払費用の定義の要点は「実際に費用が発生したが、それが複数の期間にわたって事業成果に関連する。これらの原価は会計期間にわたり費用に振り替える」です。

「複数の期間にわたって」
と規定されている点がポイントです。これは前述の固定資産と似ていますよね。購入したけど、すぐに消費されてなくなるのではなく、ある程度長持ちして売上に貢献しそうな場合です。例えば、パソコンを利用できる間は売上に貢献しますよね。これを使って業務をするからです。

そして、前払費用に関する会計ルールにはもう２つ大事な文言があります。それは、「３年以内」「そのものの性質や程度を考慮し、適切な期間、基準に基づく」という点です。これによって判断がどうしても入ってしまうことがわかります。３年なのか？　１年なのか？　という点です。

それってあなたの意見ですよね？　と恣意性が入りやすい

前述の通り、前払費用の償却期間ですが明確に定められていません。償却期間というのは損益計算書の費用項目に費用化していく期間のことです。例えば300の前払費用を３年の償却期間で償却する場合、毎年100ずつ費用として損益計算書に計上されることになります。

もし、ピンとこなかったら３章に戻って復習しましょう。資産が減って費用が増えるのです。例えば、パソコンであれば現代では技術革新が激しいことから１年で陳腐化し、買い換える必要がある場合もあると思います。そうではなく３年以上、もしかしたら、６年は大丈夫という場合もありそうです。

つまり、償却期間についてはどうしても曖昧な判断が介入してしまうのです。「それってあなたの意見ですよね」という有名なフレーズで言い返したくなる場合があります。

保険料や家賃のような契約であれば、誰が判断しても同じです。なぜならば、契約書に期間が記載されているからです。でも、そのようにはいかない場合が含まれてしまうのです。実際に、経理担当者によって、同じ取引であるのにも関わらず異なる償却期間で費用化しているケースも見受けられます。

ベトナム人のマインドが影響し、とにかく細かいし税務視点

ベトナムの人は、真面目できっちりしています。逆に言えば細かすぎるときがあります。これは、ベトナムの経理担当者にとくによくある傾向なので覚えておくといいでしょう。

弊社のベトナム人のコンサルティングディレクターもこの点は嘆いていました。つまり、いわゆる、ミクロの視点「虫の目」の人が多いのです。加えて、会計よりもベトナム税務を一番に考えるという思考癖が強いです。そのため、前払費用の会計処理の決断の時も…。「細かすぎる！」と思うときがよくあります。

例えば、この前払費用の期間は３か月だから３か月で按分しようとかですね。

３か月…。「会計年度は１年なんだし、法人税の観点を考慮したとしても、一度に費用処理するほうが合理的だ」と思います。また金額が小さければ、一括費用処理しても会計の目的も達成できるでしょう。900円といった少額のケースでも３ヶ月で償却することは有意義ではありません。そもそもの思考が、まずは「前払費用に計上だ！」となってしまっています。

虫の目、鳥の目、魚の目、コウモリの目レクチャー

ちなみに、余談ですが「虫の目、鳥の目、魚の目、コウモリの目」については、ベトナム人のスタッフとしっかり共有すると、仕事がしやすくなりますよ。

これは物事を考えるときの視点を分類した考え方です。「虫の目」は物事を細かく見る視点です。ミクロの視点です。

一方で「鳥の目」は広い視野を持って俯瞰する視点です。空からであれば街全体が見えますよね。マクロの視点です。

そして、「魚の目」は物事を流れで見る視点で過去、現在、将来と時間の流れを捉えることです。トレンドの視点と言えます。

最後の「コウモリの目」は相手の立場で物事を見たり、視点を変えることです。

普段、ベトナムで生活している人ならば、理解できると思いますが、相手目線が、はっきり言って弱いです。これは私の仲のいいベトナム人の友人も同意していました。

例えば、コンビニなどでも、基本放置プレイです。つまり、この場合、コウモリの目がありません。もし、私が。あなただったなら…。主語をあなたにすることが弱いと感じます。ただ、その放置プレイが逆に心地いいって場合もありますけどね…。気楽です。しかし、ビジネスをしていく上で上記の「４つの目」は非常に重要です。

このような視点をそもそもきちんと意識している場合が少ないからだと思いますので、きちんと、言語化して共有してあげることでメンバーが意識するようになります。普段、経営などの相談をさせていただいているベトナム人の経営者仲間にも「その伝え方いいね」と言われました。

その結果、お客様にもいいサービスができるようになりますし、組織内部もいいことしか起こりません。是非、試してみてください。

前払費用、棚卸資産及び固定資産の区別がわかりにくい

続きまして、前払費用と、棚卸資産・固定資産の区別です。これもよく質問のある実務上の問題です。ベトナムの会計ルールでは、次の勘定科目コードが設定されています。

・153:Tool and Supplies（工具器具備品）
・211:Tangible asset（有形固定資産）
・242:Prepaid expenses（前払費用）

この勘定科目に、具体的にどんな取引が入っているのか？　という点で、混乱してしまいます。次の２つにまとめることができます。

・棚卸資産が、前払費用にも固定資産にも含まれるように見える。
・固定資産の金額基準が、日本と異なる。

それぞれ詳しく解説していきます。

棚卸資産が、前払費用にも固定資産にも見える。棚卸資産の範囲が大きい？

わかりにくくしている大きな原因は、棚卸資産が「前払費用」にも「固定資産」に含まれているように見える点です。要するに、棚卸資産の範囲が広く理解できるのです。

ベトナムの棚卸資産 153 は、ベトナムの会計ルールによれば次の取引が

含まれます。153はそれ以下の子番号（会計ルールが子番号を持っている）を持つことで次のように細分化されます。

・1531：工具・消耗品

・1532：梱包材料

・1533：設備・賃貸用器具

・1534：予備部品

会計ルールによれば具体例として、

・建設製造に使用される足場、型枠、工具、治具。

・梱包用資材。

・ガラス、磁器、セラミック製の工具または消耗品。

・管理施設、事務用品。

・衣料品、作業専用の靴。

などが含まれるようです。どうでしょう？

先ほど説明した前払費用と何が違うの？　という疑問が生まれてしまうのでしょうか。

前述したように、前払費用にはサービスだけではなくモノが含まれていました。そして、そのモノには、いわゆる、消耗品・工具器具備品が入っています。また、「足場、型枠、工具、治具」については、固定資産のようにも見えますよね。だからこそ、あなたが混乱してしまうのです。

では、工具器具備品とはそもそもなに？　と疑問に感じる人もいると思います。

ここで、工具器具備品についての内容を一旦整理します。一般的な具体例をイメージすると、この章の話も理解しやすいからです。一般的には次のような取引が含まれます。

・建設製造に使用される足場、工具（切削、取付）

・金型、治具

・レンチ、スパナ

・机、イス、キャビネット

・コピー機、ファックス、電話、カメラ、

・エアコン、冷蔵庫、

・パソコン

日本では工具器具備品は原則として固定資産で処理されることになります。しかし、ベトナムだと棚卸資産にも含めてもよさそうです。したがって、混乱してしまうのです。

なお、日本における会計基準では、棚卸資産の範囲には「販売活動及び一般管理活動において短期間に消費されるべき財貨 」が含まれます。これには事務用消耗品等が含まれるようです。

実際、製造業の社長様はこのあたりでよく悩んでいます。よくある話ですが、よくよく決算書の中身を調べていると「工場消耗品として資産に計上されていると思っていたら、前払費用だった」「固定資産だと思っていたら棚卸資産でした」なんてことはよくあります。

固定資産の金額基準や経費にできる基準が日本と異なる

上記の「前払費用がわかりにくい」のところで、固定資産の概要をお伝えしていますが、ここでは、日本との比較、特に金額基準、という観点でより詳しく説明します。

固定資産とは一般的に 1 年以上の長期にわたって使用又は利用する目的で保有する資産のことでした。この点で日本と違いはありません。

例えば、車なんかイメージしやすいでしょう。5 年から 10 年は利用できます。

しかし、金額基準の細かいところで、日本のルール（税法）と異なります。具体的に申し上げると、「一括償却資産」（取得金額が 10 万円から 20 万円）の場合は 3 年で償却できます。

なお、この場合の資産の勘定は「固定資産」となります。棚卸資産ではありません。

そして、取得金額が 10 万円の場合は、「少額減価償却資産」として、全額経費として処理できます。なお、中小企業の場合は、30 万円未満の場合は、一括で経費処理できます。

一方で、ベトナムでは固定資産の性質の要件を満たした上でおおよそ 15 万円超であれば固定資産です。金額基準により全額経費処理できるといった

〔図表 33　固定資産の金額基準の比較〕

<table>
<tr><th colspan="3">基準</th><th>日本</th><th>ベトナム</th></tr>
<tr><td rowspan="4">モノ</td><td colspan="2">10万円未満</td><td>一括で費用処理
消耗品費など</td><td rowspan="2">前払費用
又は
棚卸資産</td></tr>
<tr><td rowspan="2">10万以上
20万円未満</td><td>10万円以上
15万円以下</td><td rowspan="2">3年で償却可能
【一括償却資産】
B/Sは固定資産</td></tr>
<tr><td>15万円超</td><td rowspan="2">固定資産</td></tr>
<tr><td colspan="2">20万円以上</td><td>固定資産</td></tr>
<tr><td colspan="3">サービス</td><td>前払費用</td><td>前払費用</td></tr>
</table>

ような税務上の明確なルールはありません。

日本とベトナムの固定資産と前払費用を比較すると、図表 33 のようになります。

厳密には、ベトナムの場合、ドン表記であり、固定資産の計上の金額基準が 30,000,000 ドン以上であることから為替の影響により日本円での金額が異なりますがご了承ください。あくまでベトナムの前払費用及び棚卸資産の特徴を理解することや固定資産の日本との相違点の理解することを手助けするための表です。　このように整理してみると前払費用と棚卸資産を混同してしまうのでは？　と理解できると思います。

4　911 という特殊な勘定科目がある

911 は他の国に存在しない個別の勘定科目

続いて聞き慣れない勘定科目の「911」という勘定科目です。とてもユニークな勘定科目だと思います。なぜならば日本を含め、他の国は基本的に存在しない個別の勘定科目だからです。

そのため、日本の経理の詳しい管理担当者からの典型的な質問はこの「911」という勘定科目に関連したものです。

・「なぜ、試算表と損益計算書の数値が違うんですか？」
・「損益項目の試算表の残高がゼロになってしまうのはなぜですか？」
・「911 とはなんですか？　なぜ、この勘定も試算表では残高がゼロなのですか？」

この「911」、言葉で表現すると「会社の事業活動の結果、いくら儲け（損も含む）が出たのか？　計算する」ための勘定科目です。英語の勘定科目名は「Determination of business outcome」です。日本語に翻訳すると「ビジネスの結果の決定」となります。損益計算書で利益を確定するための勘定科目だと言ってよいでしょう。日本の簿記のルールでいう「損益振替」「資本振替」に該当します。

ここで「試算表」という用語が出てきましたが、各取引を集計した一覧表とだけ理解しておけば問題ありません。

ただ、これだと意味がわからないと思います。そこで、図解と事例を使って解説していきます。

ここでは、第３章で学んだ会計思考をフルに使う必要があるので、忘れてしまった！　という人は、随時戻って復習しましょう。

事例と図解で 911 のカラクリを紐解く

数値を含んだ事例は次の通りです。

第３章の７つのストーリーと会計のボックスを思い出しリンクさせてみましょう。

・商品 300 を 600 で販売した。
・商品 300 は売上原価となった。

この場合のベトナムでの損益計算書のボックスで表すと、図表 34 の通りになります。

〔図表34　911の仕組み〕

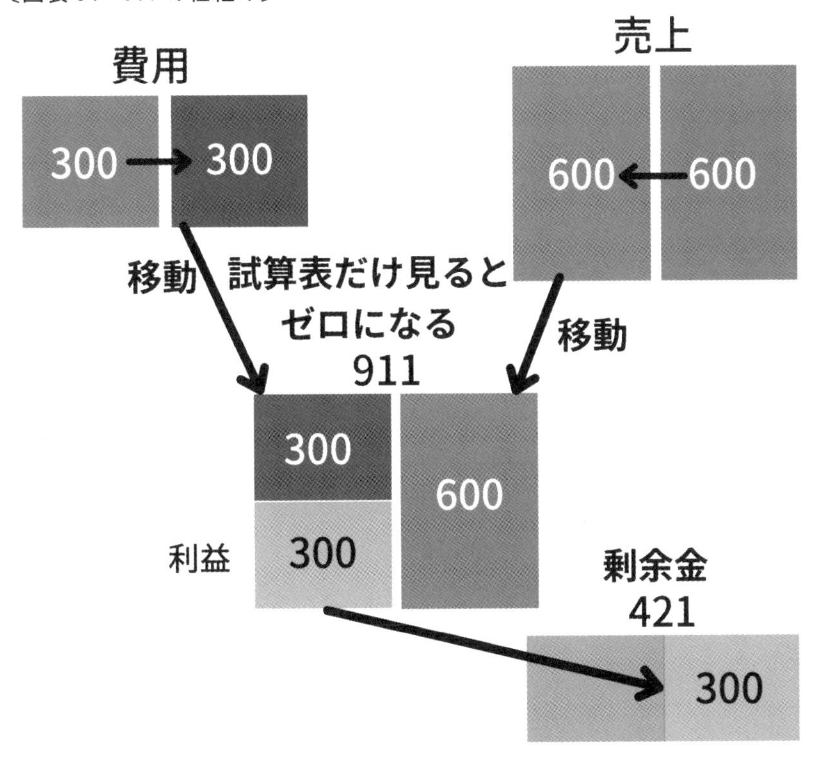

このように、売上及び費用は「911」という勘定科目に集計されます。そのため費用勘定及び売上勘定はゼロとなります。そして、試算表を作成する際に「911」での差額も「421」という貸借対照表の利益剰余金という勘定科目に振り替えられます。

したがって「911」の残高もゼロとなります。そのため、試算表だけを見ても損益計算書に関連する項目がよくわからないことになってしまうのです。

試算表と損益計算書が一致しているように見える場合とそうでない場合

上記のことから、試算表と損益計算書は一致しません。ただし「一致しているように見える」ことがあります。それは調整項目がない場合です。例えば、売上原価が600であれば、その金額が「911」に移動します。そのため、左の箱に600、右の箱に600が発生するので600という金額が試算表から読み取れます。

ぱっと見では試算表から600を認識できてしまうのです。この場合、損益計算書との一致を確かめることができます。

しかし、なにか調整額がある場合にはそうはいきません。例えば、100の売上原価を減らすと処理した場合、500が売上原価として、損益計算書に計上されることになります。しかし、試算表には左の箱に600、右の箱に600となり残高がゼロなります。

そのため、「どうして試算表と損益計算書が一致しないのですか？ 試算表は600なのに損益計算書は500？」という疑問がわいてしまうのですね（図表35）。

〔図表35 試算表から読み取れる？〕

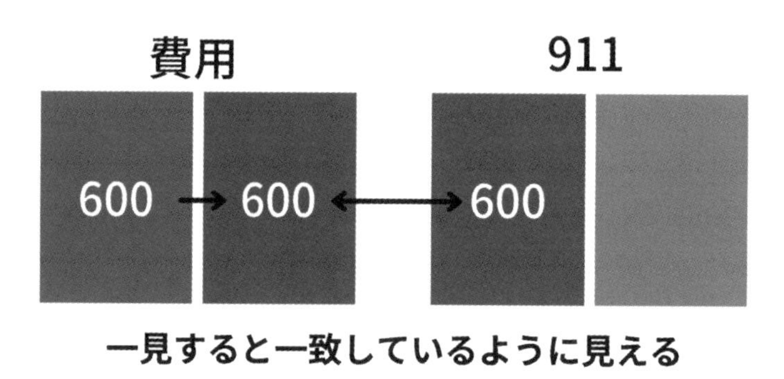

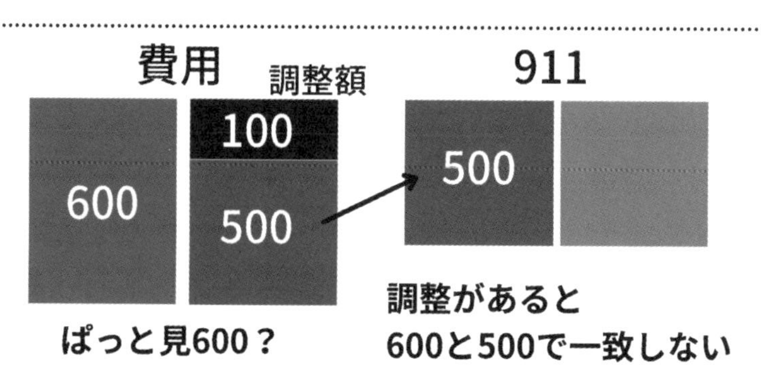

ベトナム帳簿と日本の帳簿の仕組みの違い

詳しく説明してしまうと、余計に混乱しますし必要ないので詳細は省きます。ただ、イメージとしてベトナムと日本を比較すると、図表36のようになります。

結論として、ベトナムの場合、**試算表だけを見ても損益計算書の金額がわからない**という理解で問題ありません。

・帳簿上か？　帳簿外か？
・試算表は損益振替及び資本振替前か？　後か？

〔図表36　ベトナムと日本の帳簿の違い〕

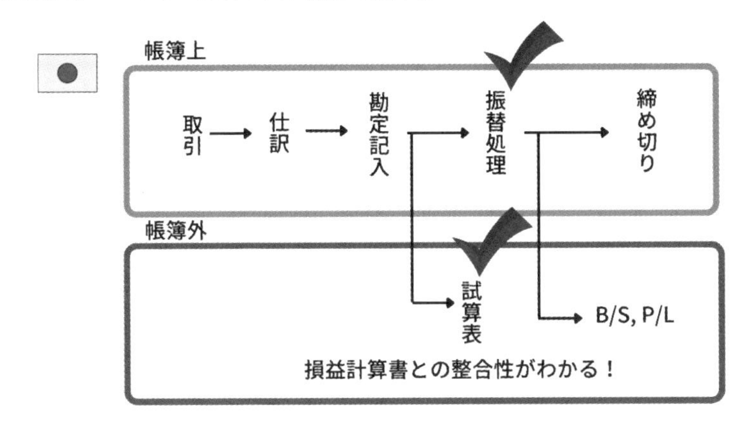

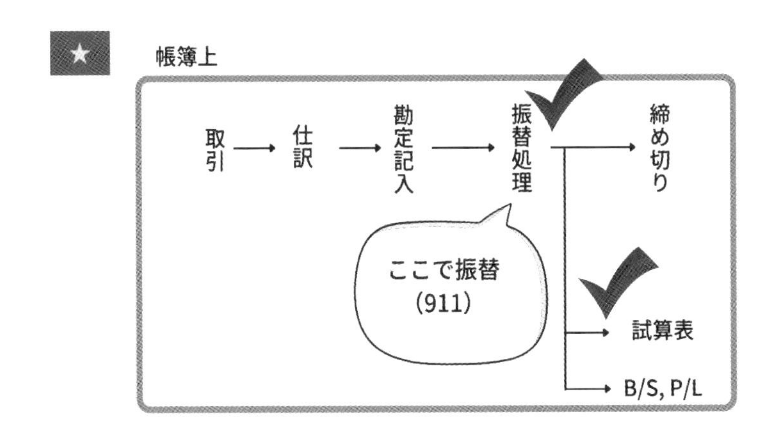

ベトナム会計ルールにおける 911

ベトナムの会計ルール、具体的には通達第 200/2014/TT-BTC 号の第２章の勘定科目で、ベトナムの各勘定科目について詳細に解説されています。

11 条から 96 条の勘定科目について、①勘定科目の内容、②勘定科目の仕訳の構造、③仕訳の具体例３つの観点から解説されています。ベトナムの経理担当者は、この会計ルールを拠り所にしていることが多く、何か不明な点あればよくこれを参照しています。社長であるあなたがこのルールを詳細に確認することはありませんが、大枠だけ知っておくと便利です。日本本社の担当者に会計に関することを聞かれたらこの通達を思い出してください。

96 条において 911 は「会計年度中の営業活動およびその他の活動の結果を識別し記録するために使用される」と規定されています。そして損益計算書に関連する勘定科目の期末残高は残らないと明記されていることも特徴的です。つまり、この 911 に帳簿上集約することが定められています。

第４章のまとめ

・ベトナムの会計の重要な特徴点は①勘定科目のルールがある、②前払費用と棚卸資産、固定資産がわかりにくい、③ 911 という勘定科目がある。
・ベトナム勘定科目は上１桁で大きな項目がわかる。１から４が貸借対照表の科目。１から始まるのが流動資産で２が固定資産、３が負債で４が純資産。５から８が損益計算書の勘定科目。５が収益で６が費用、７がその他の収益で８がその他の費用。
・ベトナムのオリジナルの勘定科目の特に費用項目の抽象度が高すぎる。
・ベトナム勘定科目に対して適切なカスタマイズが必要であるが、ベトナム経理人材は「税務脳」になってることが多くそれができていないことが多い。
・勘定科目は「具体と抽象」を行ったり来たりである。勘定科目を設定する際は「具体から抽象」で財務諸表を見る時は「抽象から具体」。
・前払費用には「サービス」だけでなく「モノ」も含まれる。日本のように一括費用処理や一括償却性資産のようなルールがない。償却期間について判断が入る。ベトナム人の細かすぎる判断が入ってしまうケースがある。
・911 という勘定科目の特殊性により試算表の特に費用項目がよく見てもわからない。

第５章
ベトナムの会計ルールのわかりにくいをスッキリ解決！

前章でお伝えした社長様のためのベトナムの会計という意味での課題は、次の３つでした。

・予めルールで定めてある勘定科目が抽象的だ。
・前払費用、棚卸資産及び固定資産がわかりにくい。
・911という特徴的な勘定科目がある。

適切に勘定科目をカスタマイズしよう

まずは、勘定科目に対してどのように解決していくのか？　です。

結論から申し上げますと、解決策は適切な「勘定科目リスト」を作成することです。「勘定科目要領」という表現のほうが伝わるかもしれません。要するに取引と勘定科目の説明書のことです。例えば、製造に必要な材料（取引）は、この勘定科目（決算書）に含まれるといった内容が含まれる一覧表のことです。このためには次のステップを踏むといいでしょう。

⑴　あるべき勘定科目を設定する
⑵　あなたの会社の取引内容を当てはめる
⑶　一目でわかる！　オリジナル勘定科目リストをつくる

デフォルトの勘定科目が不十分であれば、あるべき勘定科目を最初から設定してしまえばいいのです。すなわち、カスタマイズするためのマスターリストを持っておけばいいのです。その方法をお伝えします。

なお、会計ルールで定められている勘定科目に枝番を追加することで子勘定を設定することでカスタマイズを行います。先にも述べましたが、全く新しい番号を追加するという意味ではないので、そこはご注意ください。

このオリジナルの勘定科目を作成する方法をお伝えしていきます。

1　費用項目を３つの視点と９つのボックスでデフォルトを整理してしまう！

事前に網羅的な取引から勘定科目リストを準備しておく

特に「製造間接費、販売費及び一般管理費用」の項目のデフォルトの設定が抽象的すぎるという点が問題でした。この点、あらかじめ網羅的な取引から勘定科目リストを事前に準備することで解決できます。事前に網羅的な勘定科目を設定した一覧表を持っておくのです。

なぜならば、世の中には様々な会社が存在するとはいえ、取引を抽象化してパターン化すれば、ほぼほぼ同様だからです。

100%に近い「勘定科目リスト」をあらかじめ準備しておき、いらないものを捨てるという方法のほうが効果的です。もともとベトナム会計ルールの勘定科目の抽象度の高い設定（20%の完成度というイメージ）から、ビジネスを思考して、カスタマイズして100%にするという方法は残念ながら実務上は向いていません。というのは、第4章で述べたようにベトナム人経理スタッフは特に変化を恐れる傾向があるからです。

なお、QRコードから私がエクセルで作成した「カスタマイズした勘定科目リスト」のGoogle Driveへ保管しているリストのダウンロードページに飛べます。この勘定科目をダウンロードしてマスター科目として使うことも有用です（このページは告知なく終了することがあります。あらかじめご了承ください）。

以下の視点で取引を整理し記憶するといいでしょう。経営管理の視点が入っているからスッと頭に入ってくるはずです。

「支え」があることであなたの会社の事業は成り立つんだ

会社は一人の力では成り立ちません。いろんな部署の活動があり、それが複合的にシナジーするからこそ成り立ちます。企業活動はサッカーととても似ています。点を取るフォワードも守るデフェンスもどちらも必要ですよね。営業だけが優秀でもバックオフィスがボロボロであれば会社は継続できません。

例えば、自動車の会社であれば原材料を調達し製造して販売することが事業活動です。このメインの活動を支えるために様々な経費が発生します。例えば、次のような活動によってあなたの会社を支えているはずです。どれか１つが欠けても事業はうまくはいかないでしょう。

・マーケティング・営業
・調達
・製品・サービス開発
・人事・総務
・戦略
・経理

などです。

このような、会社を**「支えている」**というストーリーとリンクさせて勘定科目を理解した上で設定することが効果的です。

製造間接費(製造を支える)、一般管理費(バックオフィスで裏から支える)、販売費（売上をつくるを支える）というストーリーです。

そこで、次の「支える」ストーリーボックスを準備しましょう（図表37)。

⑴　移動
⑵　コミュニケーション
⑶　頼る
⑷　消費
⑸　稼動
⑹　維持
⑺　発送
⑻　国
⑼　未来費用

これに、３つの視点を付け加えるとより記憶しやすくなります。それは、次の３つです。

A）ヒト・情報

〔図表 37　３つの視点と９つのストーリーボックス〕

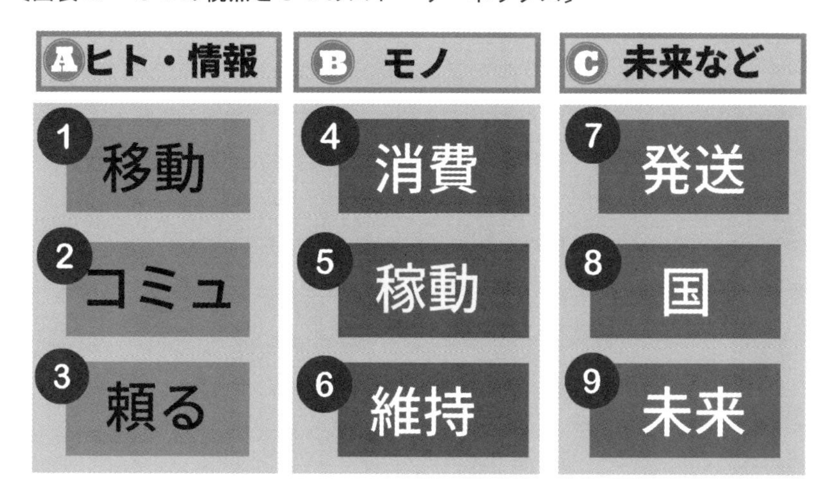

B）モノ

C）未来視点

Aは主に経営資源の人や情報に関わる部分です。そして、Bは「モノ」に関連する部分ですね。最後のCは未来視点です。売上に関連が強い活動だとも言えます。

例えば、発送は、商品をお客様に届ける活動です。また、未来費用は将来の売上を獲得するための費用です。厳密には、違う部分があるという考えもあると思いますが、このようになるべく関連させると記憶しやすくなります。

ストーリー法で学ぶ費用項目の勘定科目リスト

３つの視点と９つのボックスで費用項目の大枠を理解しました。続いて、具体的な勘定科目です。先に紹介した網羅的なリストをそのまま利用してもいいです。しかし、本書の目的はストーリーと財務諸表をリンクさせることでした。だからこそ、費用の勘定科目もストーリーを使いながら理解しましょう。

ストーリー法、リンク法という手法を使っていきます。これは記憶したいことを隣どうし鎖でストーリーを使ってどんどんつなげていく（リンクさせる）方法です。

これにより、より記憶しやすくなるというメリットがあります。

とても有名な『マインドマップ記憶術（トニー・ブザン天才養成講座）（トニー・ブザンのマインドマップ）』（トニー・ブザン（著）, 近田 美季子（監修）、ディスカヴァー・トゥエンティワン社）という書籍でも、有効な手段として紹介されています。

今回は、あなたが工業団地にある製造会社を経営している場合を想定していきたいと思います。このストーリーはあくまで、１つのサンプルです。いろんなストーリーを創造できるということを忘れないでください。

①“移動”で支える

「あなたは、仕事を終えて工業団地から、車でハノイに帰ってきました」

製造業の場合、工場のある工業団地とあなたが住んでいる場所は、離れているケースがほとんどです。その際、車両などの移動手段を使って移動します。

この移動という行為は会社のためにどうしても必要になります。

次の勘定科目があります。

・車両費（自社で車両を購入している場合のガソリン代金、高速道路にかかる費用）
・旅費交通費（通勤のためや出張の時、お客様訪問のためのタクシー代や飛行機代、宿泊代など）

②“コミュニケーション”で支える

「会社から戻って、ベトナムのレストランで取引先様と食事しました」

あなたは、工業団地から戻りレストラン（例えば、キンマ・リンラン、レタントンなど）で、取引先様と食事をしました。これも会社の事業を支えるため必要な活動です。直接ビジネスパートナーと会話をして、築きあげる人間関係はとても重要です。

会計的な視点では、次の勘定科目に整理できます。

・接待交際費（レストランの費用やカラオケ代など）

・通信費（WIFIやサーバー代、電話代）
・新聞図書費（ニュース・新聞の定期講読料。NNA購読料など）
・会議代（社内会議での飲食代やお菓子代など、会場費）
・諸会費（商工会の年会費）

③"頼る"で支える

「レストランでの、会話のネタはコンサルティングファームの噂？」

レストランでの会食では必ず会話しますよね。そこで、例えば「あそこのコンサルティングファームどう？」「ここの法律事務所は頼りがいがあるよ。親切だし」のような話題もあるでしょう。

会社が事業活動を円滑に行うためには、どうしても、より深い専門知識が必要な領域があります。例えば、会計や税務、その他企業法や労務などのベトナムの法律などです。

このように専門的な見識が必要な場合、外部の専門家の知見を利用したほうが、正しい意思決定ができますし時間の節約もできます。なぜならば自社で専門的な知識を有する人材を採用することが困難ですし、実務的な事例が目まぐるしく変化しているからです。

それ以外の領域でも、業務を外注することがあります。このように外部を頼ることで会社の活動を支えているのです。

勘定科目としては、次があります。

・支払報酬（コンサルファームへ報酬及び監査法人や弁護士報酬など）
・外注費（外注加工費、アウトソーシング費用及び警備会社への支払い）
・支払手数料（銀行の振込手数料）

④"消費"で支える

「翌日、必要な新しいノートやペンを使いました。また、ファイルに綴じてある資料をチェックしました」

あなたは、翌日会社に出社し業務を実施するとき、ボールペンを利用したり、ファイルに綴じてある資料を見たりすることがあると思います。これに加え、机や椅子も必要です。

このように消費によっても会社の事業活動は支えられているのです。

具体的な勘定科目としては、次があります。

・消耗品費（テーブル、椅子、プリンター、ホワイトボード、掃除機、モニターなど）

・事務消耗品費（文房具など）

・補助材料費（主原材料以外の補助材料費用）

⑤“稼働”で支える

「ファイルを整理中に電気代のインボイスと設備の資料を見つけた」

製品・商品を製造するためには、機械が稼働することが必要です。また、スタッフが作業するためのオフィスの電気代がどうしてもかかります。

このように事業活動を支えるために稼動が必要となります。

会計的な視点では、次の勘定科目に整理できます。

・水道光熱費（工場やオフィスの電気代・水道代）

・減価償却費（機械設備や建物の減価償却費）

⑥“維持”で支える

「設備の資料を確認していたら、保険屋さんから電話がかかって来て来年の工場と設備の保険の話になった」

事業を継続していく上で、予想のできない損害が生じることがあります。例えば、工場の火事や不測かつ突発的な事故により、機械設備・装置に損害が生じることがあります。

これに備えるため、保険に加入することがあります。

これ以外にも、スタッフが働くオフィスのメンテナンスも必要となるでしょう。また、会社のために働く社員の健康も維持する必要があります。これらは会社の事業を支えるための維持に必要なコストとカテゴリーとすることができます。

勘定科目としては、次があります。

・修繕費（機械設備の修理費用、パソコンの修理費用）

・保険料（火災保険、盗難保険生命保険）

⑦"発送"で支える

「保険の電話では設備の保険の加入の話しになった。その設備で製造している製品を輸出するために手続をフォワーダーさんに依頼した」

完成した製品をお客様に輸出するためにフォワーダーさんに依頼することがあります。このように完成した製品を届けるための手続が必要です。このほかにも梱包作業なども必要となります。

発送という行為により会社の事業は支えられているのです。

会計的な視点では、次の勘定科目に整理できるでしょう。

- ・荷造運賃（ダンボール箱、木箱、包装紙等、ガムテープ、のり、ひもなど。外部委託費用（フォワーダーへの費用）、検査手数料）
- ・倉庫費用（製品や商品を保管しておく倉庫費用、保税倉庫費用など）
- ・販売手数料（販売にかかる手数料）

⑧"国に払うこと"で支える

「日本へ輸出処理を実施。今年は新しく事業ライセンスを取得しそれが好調だったなあ、と思っていたら経理の人から事業登録税の支払いについて催促された」

会社が組織として、継続していくうえで納税が必要です。納税と言えば、利益に、法人税率を乗じた法人税を思い出すでしょう。しかし、それだけではありません。

利益があったか？　に関わらず、支払う必要のある税金も存在します。日本だと資本割りと呼ばれるものです。ベトナムでは事業登録税がそれにあたります。あなたの会社が登録している事業（これをライセンスなんて言い方もします）について事業登録税を支払う必要があるのです。

勘定科目を設定する場合、次のようになるでしょう。

- ・租税公課（ベトナムの法律に基づく事業登録税の支払いなど）

⑨"未来に備えること"で支える

「ベトナムへの納税も完了し、経営計画会議を実施。将来の売上獲得のために広告宣伝費の予算の枠や人材採用計画をたてた」

いわゆる、未来費用のことです。変化の激しい環境下では企業が継続していくためには、未来への投資が必要です。言い換えれば、未来のために種まきをする必要があります。ブランド力を上げるために認知度を高めることや、潜在的なお客様を集めることです。具体例としては広告宣伝費などがわかりやすいでしょう。

具体的な勘定科目は次の通りです。

・広告宣伝費（FB 広告やメディアへの掲載料）
・寄付金（政府などへの寄付金）
・研究開発費（新規製品やサービス開発費）
・教育費（将来の売上のためには優秀な人材育成のため教育が必要）
・採用費用（人材紹介会社への紹介料）

このように、なるべくストーリーと関連づけながら勘定科目を設定すると会計が楽しくなること間違いなしです。少しくどい印象を持つかもしれません。

ただ、ビジネスシーンと会計の数値をリンクさせることが会計スキルであるため、その癖付けのためにこのような思考はとても大切です。

ベトナム費用項目のマトリックス図

先に解説した９つのストーリーをベトナム勘定のマトリックスで示せば、図表 38 の通りになります。このマトリックスには９つのストーリーに含まれていない「人件費」を含め、より網羅的なリストとなっています。「人件費」も、他の費用と同様に給与と賞与が分類されていなかったり、社会保険の会社負担分が分類されていないため、有効な経営管理のためにはカスタマイズが必要です。

あなたが実際に勘定科目の設定を経理スタッフににお願いするときや見直し時に役立つツールとなるはずです。やはり思考のための基本的な「型」は重要です。

弊社でもこれをチェックリストで利用することでお客様の抽象度の高すぎる勘定科目に気がつくことが可能となっています。その他、連結決算書を作成しなければいけない場合にも有用です。なぜならば、重要なポイントは勘定科目の抽象度レベルの統一だからです。

〔図表 38　費用項目のマトリックス図〕

グループ	一般的な費用の勘定科目	ベトナム勘定科目		
		642	641	627
A:人件費	給与	① 6421	① 6411	① 6271
A:人件費	賞与	① 6421	① 6411	① 6271
A:人件費	雑給	① 6421	① 6411	① 6271
A:人件費	法定福利費	① 6421	① 6411	① 6271
A:人件費	個人所得税のグロスアップ負担	① 6421	① 6411	① 6271
C:発送する	荷造運賃費	- NA	② 6412	- NA
D:消費する	間接材料費	- NA	- NA	② 6272
D:消費する	事務用品費	② 6422	③ 6413	③ 6273
D:消費する	消耗品費	③ 6423	③ 6413	- NA
E:稼働する	減価償却費	④ 6424	④ 6414	④ 6274
J:国へ払う	租税公課	⑤ 6425	- NA	- NA
K:見積もる	貸倒引当金繰入等	⑥ 6426	- NA	- NA
B:未来費用	広告宣伝費	⑦ 6427	⑥ 6417	- NA
B:未来費用	研究開発費	⑦ 6427	⑥ 6417	⑤ 6277
B:未来費用	寄付金	⑦ 6427	⑥ 6417	- NA
B:未来費用	教育費	⑦ 6427	⑥ 6417	⑤ 6277
B:未来費用	採用費用	⑦ 6427	⑥ 6417	⑤ 6277
E:稼働する	水道光熱費	⑦ 6427	⑥ 6417	⑤ 6277
E:稼働する	リース料（ファイナンスリース）	⑦ 6427	⑥ 6417	⑤ 6277
F:移動する	車両費	⑦ 6427	⑥ 6417	⑤ 6277
G:維持する	修繕費	⑦ 6427	⑥ 6417	⑤ 6277
G:維持する	保険料	⑦ 6427	⑥ 6417	⑤ 6277
G:維持する	賃借料、オペレーティングリース	⑦ 6427	- NA	⑤ 6277
G:維持する	地代家賃	⑦ 6427	- NA	⑤ 6277
H:コミュニケーションする	諸会費	⑦ 6427	⑥ 6417	⑤ 6277
H:コミュニケーションする	新聞図書費	⑦ 6427	⑥ 6417	- NA
H:コミュニケーションする	通信費	⑦ 6427	⑥ 6417	⑤ 6277
H:コミュニケーションする	福利厚生費	⑦ 6427	⑥ 6417	⑤ 6277
I:頼る	支払手数料（報酬）	⑦ 6427	⑥ 6417	⑤ 6277
I:頼る	外注加工費	⑦ 6427	⑥ 6417	⑤ 6277
I:頼る	技術支援費用	⑦ 6427	⑥ 6417	⑤ 6277
I:頼る	銀行手数料	⑦ 6427	⑥ 6417	- NA
I:頼る	その他外注費	⑦ 6427	⑥ 6417	⑤ 6277
C:発送する	販売手数料	- NA	⑦ 6418	- NA
C:発送する	保管料	- NA	⑦ 6418	- NA
H:コミュニケーションする	接待交際費	⑧ 6428	⑦ 6418	⑥ 6278
F:移動する	旅費交通費	⑧ 6428	⑦ 6418	⑥ 6278
H:コミュニケーションする	会議費	⑧ 6428	⑦ 6418	⑥ 6278
L:その他	雑費	⑧ 6428	⑦ 6418	⑥ 6278

2　その他の勘定科目のカスタマイズ方法

一番やっかいな製造間接費、一般管理費及び販売費の解決方法については上記で説明しました。これ以外でも、デフォルトの勘定科目で不十分な場合があるのでカスタマイズが必要となります。その視点を類型化する方法をお伝えします。

この４つのパターンで環状科目をカスタマイズする

典型的な方法として次の４つの方法があります。このうち４番目の「取引の性質を細分化」ついては既に前述した通り解説済みです。

⑴　通貨別（USD や JPY）
⑵　銀行別
⑶　長期及び短期
⑷　取引の性質を細分化（製造間接費、販売費及び一般管理費）←解説済み

それぞれ、事例なども含め解説します。

●通貨別（USD や JPY）でカスタマイズする方法

まずは、通貨別でカスタマイズする方法です。例えば、売掛金は 131 という勘定コードのみ、デフォルトで定められていません。これだと抽象的すぎます。

そこで、国内向けと海外向けに細分化すると有用です。下記のようなイメージです。

・1311：ベトナム国内（VND）
・1312：海外（USD など）
・1313：海外（JPY など）

●銀行別でカスタマイズする方法

銀行口座の勘定科目コードは 112 です。デフォルトの設定では通貨別で細分化されています。ドン及び外貨です。1121 がベトナムドンで、1122

が外貨（JPY や USD）です。

実務上よく利用されるカスタマイズ法は、銀行別にサブコードをつくってしまうという方法です。例えば、下記のようにカスタマイズします。

・11211:ABC bank（VND）

・11212:DEF bank（VND）

・11221:ABC bank（USD）

・11222 :DEF bank（USD）

このようにカスタマイズしても、後述で解説する「こんなカスタマイズはダメ」の例の仕入先のように多くはなりません。一般的に口座を開設する銀行は、２～３行程度であり通貨も VND、USD、JPY です。そのため勘定を追加することによる管理でも煩雑にはならないので問題ないでしょう。

実務的にもこのようにカスタマイズしているケースがよくあります。

●長期又は短期でカスタマイズする方法

長期又は短期という視点で管理する点です。長期と短期の違いは、入金や支払いまでの期間が決算日から１年を超えるか超えないかという視点です。なぜこのようなカスタマイズが有用かというと最終的に貸借対照表の表示において、短期と長期を区分しなければいけないからです。期中から分類しておくことで効率的に貸借対照表を作成できます。

例えば、前払費用のうち貸借対照表日の翌日から起算して１年を超える期間を経て費用となるものは「長期」となります。また、決済（入金・支払い）の期限が１年を超える場合もそうです。

具体的には３年分の保険料の支払いをまとめて前払いした場合や、５年の借入金をする場合には１年を超える長期の部分が生じてきますよね。実務上よくサブコードを加える勘定科目は下記の通りです。

3411: 借入金

141：前渡金

242：前払費用

1283：貸付金

例えば、借入金であれば 34111 は短期借入金として、34112 は長期借入金としてカスタマイズします。

絶対だめ！　この方法でのカスタマイズ

このように、会社は子勘定を設定することによって、自由度の高いカスタマイズをすることが可能です。しかし、自由度が高いからと言ってやみくもにカスタマイズしてはいけません。なぜならば、煩雑になってしまい管理が困難になってしまう可能性があるからです。

そこで絶対にしてはいけない勘定科目のカスタマイズ方法についてお伝えします。

得意先や仕入先、部門別で子勘定をつくってしまうと煩雑になる

この方法で、カスタマイズをしてしまうと恐ろしいことになってしまいます。ものすごい煩雑になり、めちゃくちゃな「勘定科目リスト」が作成されてしまい、もはや、管理不可能…。後戻りできない。なんてことになってしまうのです。イメージしてください。

例えば、仕入先が 100 あったら、100 の勘定科目が出来上がってしまうことになります。想像しただけでゾッとしますよね。そんなことあるわけない！　と思った方もいるでしょう。しかしながら、実際に事例も発生しているのでやはり事前に留意する必要があります。

経理担当者のビジネスの理解不足や先を考える（これをやったらこの先、煩雑になってしまうのでは？）スキル不足が理由だと感じます。

得意先や仕入先については、通常、会計ソフトにそれを管理する機能（仕入先コードなど）があるはずです。また、部門も同様です。そのためそれを利用することを検討しましょう。

勘定科目の設定のミスを防止するコツは“縦と横“だ！

では、上記で述べた大きなミスを防止するために、どのような観点を持って、ベトナム勘定科目をカスタマイズをすることを意識すればいいのでしょうか？　そのポイントをお伝えします。それは「縦と横」をしっかりと意識することです。

〔図表 39　縦と横を意識するとわかりやすい〕

勘定科目		部門（又は商品）		
		A部門 A商品 A会社	B部門 B商品 B会社	C部門 C商品 C会社
深掘り 6427 外注費	64271 旅費交通費	部門など		
	64272 保険料			
	64273 支払報酬			

縦方向のカスタマイズは、勘定科目の内容を細分化するイメージです。深掘りというような表現もありますからこちらは縦方向です。具体的に解説します。すでに述べた費用項目を９つのボックスで細分化することです。それ以外では、既に解説済みの長期と短期での細分化、通貨別の細分化が該当します。

一方で、横方向は広がりのイメージです。例えば、会社の組織図を作成する際、それぞれの部門は横に広げることが多いです。そのため部門別の細分化は横の広がりのイメージを持ってください。その他、取引先や商品のアイテム別も横の広がりです。

縦方向の細部化の場合は勘定科目カスタマイズで、横方向の細分化の場合は部門別コードや取引別コードによる管理となります。このように理解するといいでしょう。くれぐれも取引先相手で勘定科目を細分化することはやめてください。

３　勘定科目の性質を「超具体的」にイメージできるように詳しく書く

抽象と具体を行ったりきたり

これまで９つの費用のボックスやその他方法により、勘定科目の設定の仕組みを理解しました。続いてはあなたの会社の取引をあてはめる段階です。勘定科目をもう１つ掘り下げたあなたの会社の具体的な取引の説明書のことです。

第４章でお伝えしたように勘定科目設定のポイントは「具体と抽象を行ったり来たり」でした。

すなわち、あなたは財務諸表を眺めるとき、勘定科目から具体的な取引や現場をイメージできるようになる必要があります。抽象から具体ですね。例えば、工場消耗品費という勘定科目があったとして、あなたの会社の場合では具体的にはどんな取引が含まれているのかまで具体化し理解する必要があります。間接部門が利用する文房具、ファイル、ノート、ハサミ、コピー用紙、封筒などの具体的な取引まで理解しなければいけません。新聞図書費であっても、書籍なのか？　それとも新聞、定期購読しているニュースなのか？

まで詳しい情報が必要でしょう。旅費交通費も同様です。ホーチミンやダナンに販路拡大のための飛行機代やそのためのホテル代という内容まで記載し、その頻度などの情報もあるとより具体的です。ワーカさんの自宅地域から工場までのバス代で１日に何台必要であるという情報も具体的です。

また、人件費であっても、どの部門？　何人？　どんなレベルの人？　までわからないと効果的な経営管理を行うことはできません。

つまり、勘定科目レベル（抽象）をカスタマイズし、整理しただけでは会計を経営に利用すると言った意味で十分ではありません。あなたの会社の詳細な取引の内容まで記載し、具体的にイメージできるようにすることが必要です。あなたの頭のなかで、鮮明に取引の場面の映像が浮かび上がるほどです（図表 40）。これは何度もお伝えしている本書の目的と関連していますよね。

〔図表 40 【再掲】勘定科目は抽象と具体を行ったり来たり！〕

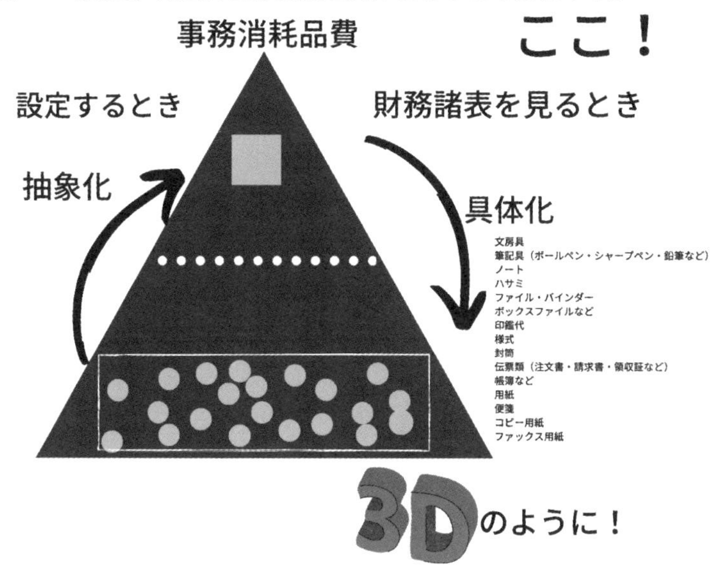

そのためのコツがあるので、これをお伝えします。なぜならば、ベトナム人のスタッフに「勘定科目のリストに具体的な内容を記載してください」とお願いしても、不十分な内容であることがよくあるからです。

このような期待ギャップはベトナムではよく発生してしまいます。

このときのポイントは、「構造化」し具体的な質問を用意することです。良質な問いであれば、それに回答してもらうことによって必要なパーツは集めることが可能です。

5W 2H を使った質問テンプレートで勘定科目要領を作成する方法

5W2H はとても有名なフォーマットですので、みなさんご存知でしょう。基本的なノウハウではあり使い古された印象があるかもしれませんが、やはり最強の型です。

5W2H をこの勘定科目要領バージョンに少し修正し、取引の内容が記載された「勘定科目要領」「勘定科目リスト」を作成します。それぞれ 5W2H に従って解説していきます。

① WHAT：具体的な取引はなに？

モノであれば、アイテム名を入れてもいいくらい具体的に記載してもらいます。このとき、写真を添付するとより効果的です。例えば、下記の３つを取り上げて見ていきましょう。①段ボール、②給与、③賃料。

② WHEN：頻度やタイミングは？

購入は、毎月なのか？　毎週なのか？　それとも、毎日？　そして、回収や支払いのタイミングは、どれくらいの期間なのか？　を答えてもらいます。これを明確にすることによって、財務諸表を深く多角的な視点で理解することが可能となります。

①段ボール：毎週購入で支払いは月１回、②給与：毎月（月末締め 10 日まで支払い）③賃料：３ヶ月ごとに前払い

③ WHO：申請部門はどの部門？

部門別で管理する場合には有用です。また、どの部門・部署が、強く関連するのか？　をきちんと整理することにより改善しやすくなります。

①段ボール：製造部門が要求。②給与：管理部門（経理や人事・総務部）、③賃料：日本人駐在員

④ WHY：なぜ、それは発生するのか？　そもそも必要なのか？

なぜ、その購入が必要なのか？　発生するのか？　です。これを整理することにより、実は必要ない取引なのでは？　という気づきが生まれることがあります。中には当然発生するのもありますが、「考える」きっかけになりコスト削減に貢献する場合があります。

①段ボール：製品を保管、輸送するため、②給与：勤務しているため、③賃料：住む場所や仕事する場所で必要）

⑤ WHERE：どこから購入しているの？　どこへ販売しているのか？

仕入先や販売先を記載しておくことで、よりイメージしやすくなります。

会社の事業活動を、シンプルに言ってしまえば、モノを買って、製造し、

販売することです。どの業者から？　など具体的に記載することにより、理解も深まるでしょう。また、不正の観点からも有用です。なぜならば、ベトナムでの不正の典型例は購買におけるキックバックだからです。

①段ボール：ABC 有限会社から購入、②給与：該当なし、③賃料：DEG 業者へ支払い）

⑥ HOW：どのように発生する？　固定費？　変動費？

費用には、2つの性質があります。それは、売上（活動）と比例関係にあるか？　ないか？　です。別の表現をすれば、変動費か？　固定費か？　です。固定費及び変動費の詳細は本書では解説しませんが、これら明確にすることによって取引への理解が深まり管理にも役立つと理解しておいてください。

①段ボール：変動費、②給与：固定費、③賃料：固定費

⑦ HOW MUCH：どのくらい？　何人？

数量などの定性的な情報を含めれば、より財務諸表を見るときに取引の現場が思い浮かびます。これも非常に大事です。

（例：①段ボール：1,000 個くらい、②給与：20 名、③賃料：駐在者1名分）

上記により、必要な構成要素が集まれば勘定の内容をよりクリアに文章化することが可能となります。

図表 41 は、上記で集めた情報を実際に勘定科目要領の文章にしたサンプルです。ここまで詳しく記載する必要があるのか？　と思うかもしれません。しかし、現場の実態を読み取り経営改善していくためには必要な情報です。例えば、人件費の科目でも人数を含んでいなかったら深く会社の状況を読み取れません。含めることで、有効な経営分析も可能となります。

これに加えて現地の経理スタッフのビジネスへの理解を深めてもらうきっかけにもなります。第2章でもお伝えしたように現地の経理人材は「税務脳」であることからビジネスの本質の理解が会計に有用であることの考えが強くありません。強制的にこの「型」を利用することによって会計とは切り離せないビジネスを整理する機会になるでしょう。

〔図表 41　5W2H を意識した勘定科目リスト〕

勘定科目	具体的な内容
荷造運賃	③製造現場で④製品を保管、輸送するための①段ボールの購入費用 これは②毎週購入しており、支払いは月一回である。⑦平均1,000個ほどの仕入れ。 主な仕入先は⑤ABC会社である。⑥製造量に比例するため、変動費。
人件費	③管理部門である経理と人事総務への⑦20名へ④支払う①給与支払額。②月末締め10日払い。⑥固定費。 （注⑤は該当しない）
地代家賃	③日本人駐在員が④住むための⑤DEG業者へ支払う①アパートの賃料。⑦1人分。 ②３ヶ月ごとに前払い。⑥固定費。

①WHAT, ②WHEN,③WHO,④WHY,⑤WHERE,⑥HOW,⑦HOW MUCH

4　その他ベトナムの勘定科目の留意点

少し細かい論点ですが、その他ベトナムの勘定科目の留意点として次を紹介します。

・消耗品と事務用品の違いを整理する。
・前受金と前払金という勘定科目がない。

消耗品と事務用品の違いを整理する

まず消耗品と事務用品の勘定科目の違いです。具体的には勘定科目コード 642（一般管理費）の 6422 と 6423 の勘定科目です。6422 が Office supply expenses で 6423 が Office furniture expenses です。

日本風に言うと 6422 が事務消耗品で 6423 が消耗品となるのかなと思います。

この２つの勘定科目ですが、ベトナムの会計ルールを読んでもこの違いが

〔図表 42　事務消耗品と消耗品の違い〕

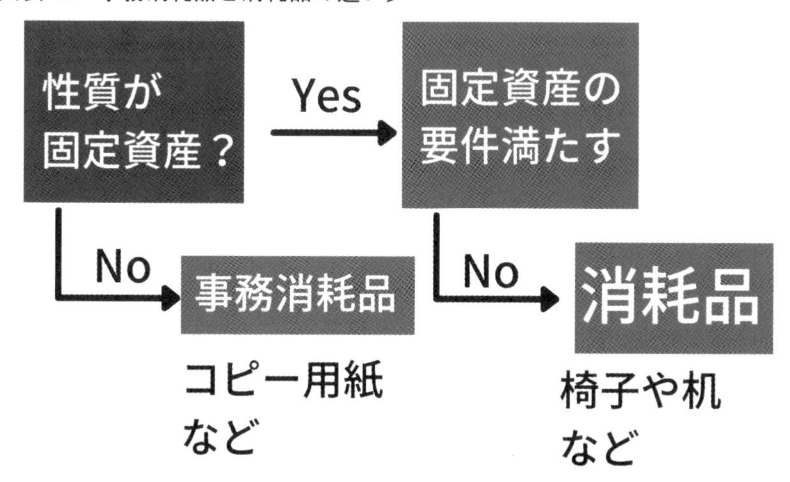

よくわかりません。弊社のベトナム人の会計の専門家に聞いても、うやむやの回答が返ってきます。

そこで、図表 42 のように整理するとわかりやすく理解できます。

性質が固定資産の要件を満たす（1 年以上使える？）が、金額基準（約 15 万円とざっくりで構いません）を満たさない場合は、6423 の消耗品で処理します。例えば、机など。そうではなくすぐに消費してなくなるような場合には 6422 の事務消耗品で処理すればいいでしょう。例えば、筆記用具などの文房具、ノート、コピー用紙、コピー機のインクなど、領収書や請求書用紙などです。

ただ、そこまでこだわる必要はありません。というのは取引と勘定科目が結びつけば、本書の会計の目的は達成されるからです。

前受金と前払金という勘定科目がない

続いて、前払金と前受金という個別の勘定科目は存在しないという点です。もしこの勘定科目に該当する取引が発生した場合、勘定科目 331 の買掛金と 131 の売掛金を利用します（図表 43）。

前払金とはあなたの会社の仕入先に商品やサービスを受け取る前に一部先

〔図表 43　前払金と前受金という勘定科目がない〕

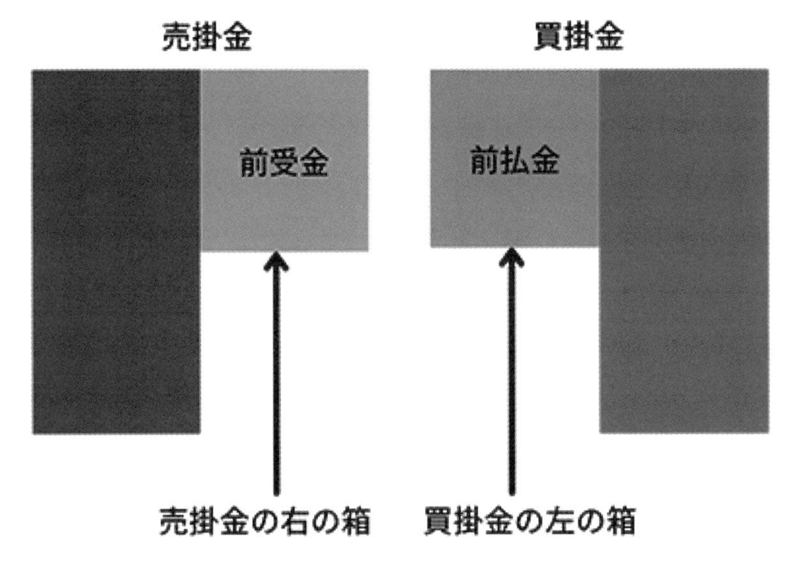

払いする場合に利用する勘定科目です。前受金はその逆です。つまり、あなたが売主でお客様に商品やサービスを提供する際に完了する前に一部受け取る場合には前受金となります。

ベトナムでは商慣行からか取引が完了する前に一部（例えば 50％など）先払いするケースが多いです。

この先払いのとき、前払金の場合は買掛金の左側の箱を利用し、前受金の場合は売掛金の右側の箱を利用します。

このお話を聞いて、3 章でお伝えした会計の仕組みが理解できていると「おやっ」って違和感を感じるかもしれません。その違和感を感じるのならそれは会計力があるということなので安心してくださいね。

なぜならば買掛金は「負債」であり、貸借対照表の右上の箱に収納され、売掛金は「資産」であり貸借対照表の左側の箱に収納されるからです。この逆になるのですね。

このように買掛金の左側の前払金や売掛金の右側の前受金は最終の貸借対照表を作成するときに分離され、「前払金」と「前受金」として表現されます。

5　前払費用、棚卸資産及び固定資産を区別するフローチャート

勘定科目判定フローチャート

前払費用は、日本基準と異なり「モノ」が含まれるという点でわかりにくかったです。これについては「モノ」も含まれるのだなと認識しながら前払費用の明細をチェックすることで大部分は解決できます。ですが、前払費用、棚卸資産及び固定資産の区別がわかりにくいという点は少し厄介なので、これについて整理するコツをお伝えします。繰り返しお伝えしており、復習にはなりますが、ベトナムの棚卸資産の勘定科目コード153には、下記が含まれます。

・1531：工具・消耗品
・1532：梱包材料
・1533：設備・賃貸用器具
・1534：予備部品

この点、下記の視点でのフローチャートで理解するとスッキリ理解できます（図表44)。確かに、会計ルールの文言を見てみると、複数の解釈が可能であり、これから説明する方法が唯一の正解ではないかもしれません。

しかし、実務的な判断基準としては有用な方法です。実際に私がベトナムに進出している日系企業の経営管理コンサルティングをするときにもこのフローチャートに基づいて助言しています。これにより棚卸資産に計上されるべきスペアパーツや購入時に即費用処理すべき取引が日本人経営陣とベトナム人メンバーで共通認識しやすくなり整合性のある仕訳が可能となった事例が多くあります。

ぜひ、ベトナム人のスタッフと共有しあなたの会社のオリジナルの勘定科目判定フローをつくってみてください。

⑴　現場で直接、消費されるか？

⑵　1年以上利用できるか？

⑶　金額はおおよそ15万円を超えるか？（本来は30,000,000ドン）

⑷　モノか？　サービスか？（償却期間）

〔図表 44　前払費用、棚卸資産及び固定資産の判定フローチャート〕

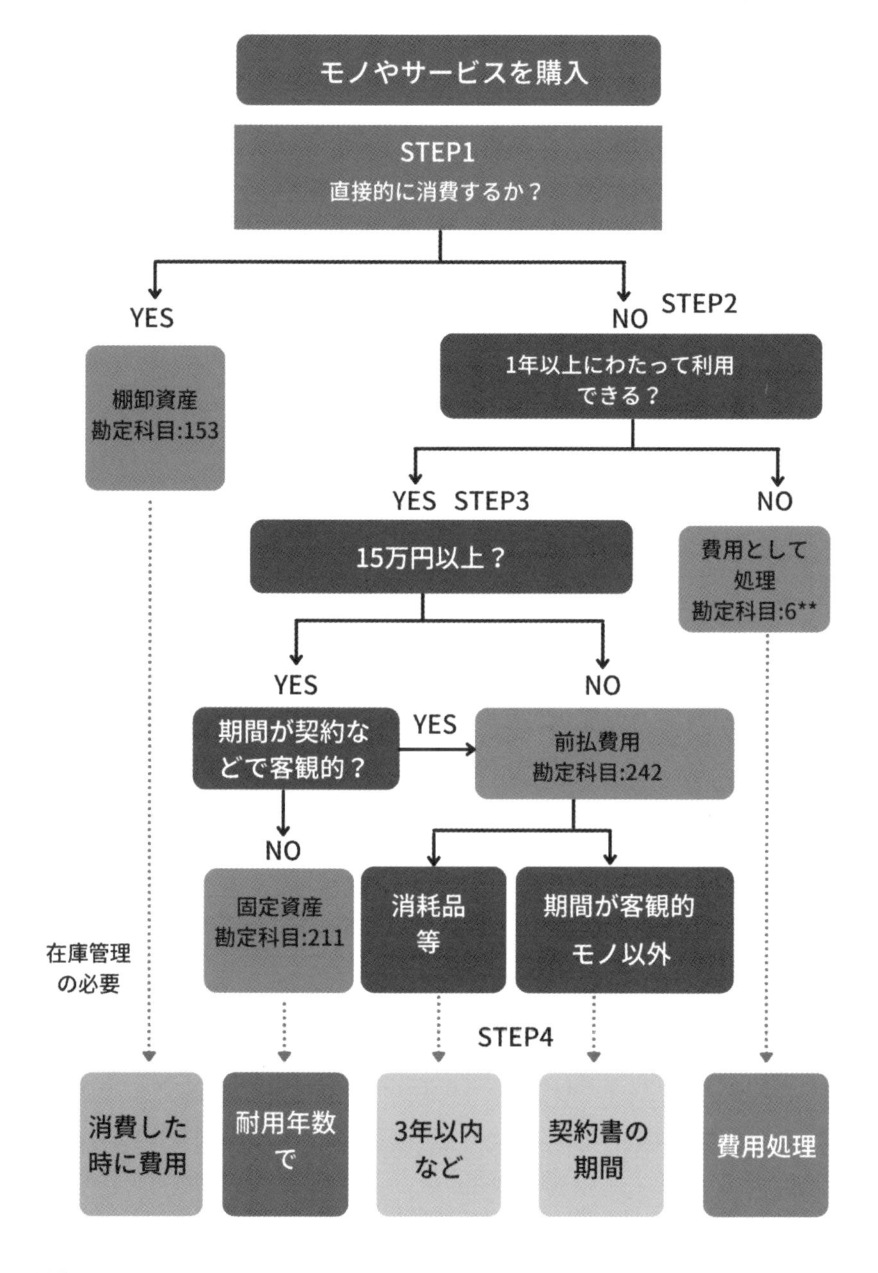

STEP 1：直接消費されるか？

まず、最初の判断基準です。これはモノが直接的に現場で消費されるか？

どうかで判断します。何かを製造するときやサービスを生み出すときに現場に移動するか？　どうかというイメージで問題ありません。

原材料のようなモノは直接現場に払い出されて加工されるため直接的に消費されますよね。例えば、パン屋さんであれば、小麦粉という原材料が直接加工されて完成品であるパンとなります。

それでは、ある設備の部品はどうでしょう？　これは、購入したときには倉庫に購入され、使用される場合には倉庫から出庫し、設備に取り付けられますよね。加えて、製品の製造に際して、間接的または補助的に消費されるモノもあるでしょう。

一方で、直接、消費しないものとしての具体例として、車両やロッカーや椅子、エアコン、パソコンなどがあります。これらは直接的には消費しませんよね。私たちが利用することで役目を果たしてくれます。消費されることで、売上に貢献するのか？　利用することによって売上に貢献するのか？　という視点でもいいと思います。

この判断基準に対して、YESの場合は棚卸資産である153に分類されると考えていいでしょう。この場合には、資産の入出庫管理する必要性が原則として生じてきます。いわゆる在庫管理が必要になります。というのは消費された分を管理して、会計処理する必要があるからです。

STEP 2：1年以上利用できるのか？

次のステップはなにかモノやサービスを購入した際、それが将来にわたって長期的に効果があるか？　という視点です。

例えば、保険料を2年分支払いした場合、支払い時にすべて損益計算書の費用にするのは違和感ありますよね。こんな例でもいいです。あなたが数百万円の車を購入したときにこれが損益計算書の費用として処理されているとしたら変だと感じませんか？　10年は乗車できるはずなのに、すぐに損益計算書の費用として処理されるのは感覚としても違和感を感じるはずです。

一方で、当月のスタッフへの給与を支払った、水道光熱費を払った場合はどうでしょうか？　すでにスタッフの労務は消費され、電気など消費しているので、これが損益計算書の費用に移動しても大きな違和感はないはずです。

別な言い方をすると、電気代はその月の売上にしか貢献しないですが、椅子や机は、長く使えるのでその月以外の売上にも間接的ではありますが、貢献しそうですよね。長期的に座れるイスがあるからこそ、私たちはいいパフォーマンスを発揮できてその結果売上をゲットできているのかもしれません。そんなイメージで大丈夫です。

ですから、この質問に対して答えがNOは資産の箱には移動せず、損益計算書の費用の箱にダイレクトで移動することになります。逆に、YESの場合は、前払費用242または有形固定資産211に計上されることになります。

STEP 3：金額基準と契約書の期間で判断する

このステップでは、金額基準により、固定資産か？　前払費用か？　に分類するステップです。具体的には、ベトナムの会計のルールで30,000,000ドン以上の場合は固定資産に計上されることになります。これは第４章でお伝えした通りです。

ベトナムドンの金額の桁がわかりにくいので、為替の影響は受けるものの約15万円と記憶しても問題ないと思います。それ未満（固定資産の金額基準にひっかからない）であれば、「前払費用」として会計処理します。

しかし、例えば土地利用権の償却など金額が多額で固定資産の金額の基準を満たす場合であっても期間が明確に客観的に定められている場合には「前払費用」として処理します。

STEP 4：前払費用を具体的にどうやって償却するのか？　２つのパターン

第４章の「ベトナム会計の３つのわかりにくさ」で申し上げた通り、サービスであり契約書で明確に期間が定められている場合にはその期間で償却します。賃料などがわかりやすいですよね。

しかし、それ以外の消耗品のようなモノの場合は、その実態を踏まえ「3年以内」で償却します。３年以内なので２年で償却することも会計ルール上は可能ですが、実務上は３年を利用しているケースが多い印象です。
また実務上はルールにより金額基準を設けて少額であれば一括償却することを検討しているケースもあります。
個人的にはこのように金額基準を設けるのが望ましいと思っています。というのは、あまりに金額小さいものまで前払費用にしても管理する手間が増えるだけですし、経営という観点からは前払費用として処理しても有用な情報にならないからです。

6　911 という特徴により試算表が経営に使えない

勘定科目 911 の対処法

続いて 911 という勘定科目についての対処法です。911 という特徴的な勘定科目が存在することにより、損益計算書の科目について試算表の残高がゼロ、つまり、試算表を見てもあなたの会社の実態がわからないという問題がありました。
また、試算表でなく損益計算書を見ても抽象度が高い科目での情報しか提供してくれません。例えば、費用項目は「売上原価」「販売費」や「一般管理費」といったレベルでの情報です。勘定科目も会計ルールで必要なレベル（カスタマイズしたものでなく）でしか出力されない場合がまだあり、抽象度が高すぎるという問題があります。
これでは具体的にどの科目の費用がどれだけ発生したのかを把握することができません。損益計算書は、儲けているのか？　損しているのか？　の情報を提供してくれる決算書です。そのため、あなたにとって非常に大事な情報です。結局、業績をどう改善するかは売上を上げるか？　費用を削減するか？　しかありません。その費用の内訳がわかならなければ、会社のストーリーが認識できるはずがありません。

会計ソフトによる使い勝手の違い

では、そもそも会計ソフトであなたが求めている費用の明細を出力できるのではないか？　という疑問が生まれるのでないでしょうか？　私も当然会計ソフトから出力できると思っておりました。

しかし、現時点ではベトナムの会計ソフトにそのような機能が備わっていないケースが多くあります。具体的には、会計ソフトが出力する費用（販売費や一般管理費）ベトナムの会計のルールに基づいたレベルに留まるのです。

すなわち、せっかくカスタマイズした勘定科目レベルでの明細を出力できない場合があるようです。例えば、修繕費、水道光熱費、接待交際費とブレークダウンして勘定科目を設定したのに「外注費」として一括りにされても経営に使えないですよね。

ただ、会計ソフトによってはカスタマイズし細分化した勘定科目レベルでの費用明細を出力することが可能なようです。特に最近の会計ソフトではそのような仕様になっている傾向にあるようです。

しかし、勘定科目をいちいち選択してからダウンロードするなどまだまだ使い勝手が悪いようです。将来的にはすべての会計ソフトが改善され、カスタマイズされた後の勘定科目レベルの費用明細を見やすい形式で出力できるようになるでしょう。

現時点では、会計のルールを守っていればいい、税務の目的を達成できればいい、といった考えがベトナム全体で強いのかもしれません。これは第２章の【第５の落し穴】でも申し上げました通りです。

私がベトナムで会社のメンバーと働いてもそう感じます。実際に私は会社のベトナム人のメンバーに勘定科目の適切なレベルの設定がなぜお客様にとって重要なのか経営にとって重要なのかと力説しても、ポカーンとして「財務省や税務署に提出する決算書に影響がないからいいでしょ」といつも冷ややかな反応です。これが辛いんですよね。

会計コンサルタントという立場であっても、このような視点のままなので会社の経理担当者はなおさらでしょう。会計の情報を**経営に利用する・活かす**という考えがもっと浸透することによってシステム自体が変革していくと思っています。

911に関する２つの解決方法

解決方法は、次の２つです。

⑴　カスタマイズされた後の勘定科目のレベルで出力が可能な会計ソフトを選ぶ。

⑵　エクエルで加工して費用明細を作成する。

前述したように会計ソフトによっては詳細なレベルでの費用明細を出力することが可能な場合もあります。その場合はそれを最大限に利用しましょう。しかし、そうでない場合は会計データ（総勘定元帳など）をダウンロードし、エクセルを利用して加工し製造原価報告書及び費用（販売費・一般管理費）明細を作成することで解決できます。その上で月次推移表を作成すればより効果的な管理が可能となります。

なお会計ソフトによっては「911 仕訳前の試算表」を出力できるものもあるようなので試算表を見たい場合にはそちらを利用することも検討するといいでしょう。

第５章のまとめ

・ベトナムの会計ルールに沿った勘定科目でなく、網羅的な勘定科目リストを準備しよう。

・３つの視点である①人・情報、②モノ、③未来視点と９つのストーリーボックスで整理するとわかりやすい。

・勘定科目のカスタマイズの視点は４つ。①性質、②長期短期、③銀行別、④通貨別。

・相手先別や商品別で勘定科目をつくってはいけない。縦と横のイメージを持ち、横の広がりは勘定科目でなく会計ソフトが持つコードなどを利用する。

・５W2H を使ったテンプレートで勘定科目の具体的な内容を記載すると、経営により使える情報となる。

・前払費用、棚卸資産、固定資産の違いを理解するため、現場で消費するか？　１年以上利用できるか？　おおよそ 15 万円以上か？　期間が契約書等で明確か？　で判断すると整理できる。

・勘定科目をカスタマイズした後の製造原価明細や販売費用、一般管理費の明細を作成する必要がある。それには対応した会計ソフトを選ぶか？　エクセルで加工する方法がある。

コラム　制度上に問題がある？　チーフアカウンタントの実態とは

私がベトナムで働き始めたときに非常に特徴的だと感じたのは「チーフアカウンタント」制度です。チーフアカウンタントとは、会計主任のことであり、幅広い経理業務について知識と経験を有していることを示す資格を指します。

日系企業のような外資系企業はある例外を除いて、このチーフアカウンタントの資格を持った人を雇用（ただし正社員である必要は必ずしもない）する必要があります。チーフアカウンタントの資格を取得するためには、学歴要件、実務経験、さらに指定された講座の受講と試験に合格する必要があります。そのため、例えば日本語人材が卒業する大学ではそもそもチーフアカウンタントを受けることができない場合があります。

このようなことから「うちの経理はね、チーフアカウタントの資格を持っているから安心だよ。問題ないよ」と発言される社長様が多くいます。しかしながら、これが全くもって正しくないので注意が必要です。

なぜでしょうか？　それは誤解を恐れず言えば、誰でもチーフアカウタントの資格を取得できるからです。チーフアカウンタントの講座の受講後に試験を受けるのですが、合格率はほぼ100％だそうです。そのため資格ではく「受講証明書」に近いでしょう。この試験に落ちる人はいないようです。

弊社のスタッフも新人から入所して３年程度経過すれば、チーフアカウタントを受講してもらいます。これまで落ちた人は誰もいません。コースの受講料は１万円強であり、安価であるため会社負担にしています。

話を聞くと、コースを実際には受講しなくても代弁のような対応でも取得できるケースもあるようですし、お金で解決できてしまうケースもあるようです。

試験は100％受かってしまうことからもはや試験ですらないことや、コースをきちんと受けなくても通ってしまうことから、チーフアカウンタントの資格を持っていても意味がないと言えるでしょう。要するにチーフアカウンタントの資格を持っていてもまったく会計の実力がない人が多くいます。それにもかかわらず日系企業のチーフアカウンタントの評価は高い。なんとも恐ろしい状況です。

きちんと実力のある経理人材を採用するためにこの資格に惑わされないことがとっても重要です。

第６章
決算書を眺めるときの４つのポイントとそのコツ

経営に活かすための決算書を見るポイント

これまで会計の仕組み・構造とベトナム会計の特徴、そしてその解決方法についてお伝えしてきました。

ベトナムで社長様のビジネスを支援している際によくいただく質問があります。それは、決算書をどんな風に見るのか？　どんな順番で見るのが正しいのか？　その視点についてです。そこで、数値を経営に活かすための決算書を見るポイントについて解説していきます。この章のポイントを意識していただければ、あなたの会社が抱えている問題点を早期に発見することができて改善することが可能となります。

下記の４つの方法が経営に関連させて理解するという点で有用でしょう。

⑴　金持ち父さん貧乏父さん視点で「貸借対照表」を読み取る方法
⑵　近江商人から学ぶ「損益計算書」を見る方法（三方よし→八方よし）
⑶　点と線という図形でイメージする
⑷　グラフを利用して比較しよう！　過去・なりたい姿・同業他社

この４つに加えて図による「視覚化」をすることでより決算書をわかりやすく理解できるようになります。

前提条件は勘定科目と取引がリンクしていること

ただし、勘定科目と取引内容がつながっていることが大前提です。例えば、固定資産や前払費用の内容にあなたの会社のどんな取引が含まれているのかをイメージできなければいけません。加えて、決算書の費用の消耗品費の明細を見たときに全く実際のビジネスのシーンが思い浮かばないのであれば論外です。

これが前提としてできていなければ、この章のお話は役に立ちません。ベトナムで決算書を通じて支援しているなかで、社長様間との会話が進まない要因や誤解が生じる典型例は勘定科目と取引が紐づかないことに起因します。もしも、この点について理解が不足していると感じたときには第５章に戻って復習しましょう。

それでは、決算書を眺めるときのそれぞれの４つのポイントについて詳しく解説していきます。

1　【ポイント①】金持ち父さん貧乏父さん視点で貸借対照表を読み取る方法

資産と負債の意味を正しく理解することが大事

あなたはとても有名な書籍『金持ち父さん 貧乏父さん：アメリカの金持ちが教えてくれるお金の哲学』（ロバート キヨサキ著、筑摩書房）をご存知でしょうか？　とても有名な書籍なので聞いたことはあるかと思います。なんといってもこの書籍の重要なメッセージは下記でしょう。

・「資産は私のポケットにお金を入れてくれる」
・「負債は私のポケットからお金をとっていく」

つまり、資産と負債の意味を正しく理解することがすごく大事だと言っています。会計力を身につけるため、この思考を利用して貸借対照表を眺めるのです。専門家である私であっても、今でもお客様の決算書を見るときにこの視点を使っています。

資産項目を見る方法【お金になる？　それはいつ？】

あなたに貸借対照表という地図が提出されたとき、この点を考えながら貸借対照表の勘定科目を眺めるのです。資産項目であれば、それはお金になるのかな？　お金になるとしたらいつだろう？　もしかして回収できない？　など、取引の内容やビジネスパートナーのことを考えながら確認してみてください。

お金になるのは直接的なのか？　それとも間接的なのか？

資産を見るときのポイントは、直接か間接かという点です。例えば、売掛金や貸付金であれば、それを得意先や貸付先から直接回収しますよね。得意先や貸付先の社長の顔や最近会話したことなどを思い浮かべながら回収できるのか？　そして、それはいつなのか？　を考えながら眺めるのです。そうすることで、ただ無機質に見るよりも立体感のあるチェックが可能となるでしょう。

時には、得意先の経営状況が不振で回収ができないこともあります。最近ではコロナの影響などの外部環境よって経営に打撃を受けている会社からの売掛金の支払いが困難になっているケースも見受けられます。ベトナムも例外ではありません。

回収できない場合には売掛金としての価値がないため、資産としてその金額で記載されていていいのだろうか？　と疑問が生まれるはずです。1,000万円の売掛金が全額回収できなかったらその価値はないですよね。

あなたの会社の製品や商品などの棚卸資産も同様です。それを顧客に販売することによってあなたの会社のポケットにお金が入ってきます。もし、その価値がなければ資産として相応しくないかもしれません。

例えば１億円の棚卸資産が貸借対照表上に計上されているけれども、どう考えても今全部販売したら5,000万円でしか販売できないのであれば１億円で計上されていることは正しくありません。なぜならば、１億円以上のお金をあなたの会社のポケットに入れてくれないからです。

なお、粉飾決算などで使われるほとんど手口は在庫の過大評価です。よく新聞などで見かけるの不正の構造もこれに該当します。簡単に説明すると、1,000の価値（本当はこれでしか世の中で売れない）しかないのに2,000で評価したままにしておこう、といった理屈です。

ベトナムの付加価値税でよくあるミス

付加価値税（VAT）が資産に計上されている場合は還付できる可能性があります。本書では、ベトナム税務について詳細な説明はしませんが、ベトナムでは、一定の要件を満たせばそれが還付、つまり、お金となって戻ってきます。ですから貸借対照表のこの金額が大きくなりすぎている場合には注意が必要です。

実際に付加価値税の金額が積み上がっているのにも関わらず、それを放置してしまったことにより長年お金として回収していなかったケースもあります。これもきちんと貸借対照表という地図をこの視点で眺めていれば防止できるでしょう。なお、付加価値税の還付金額があまりにも大きくなりすぎると税務署もいい顔はしないのでその点も留意です。

間接的にお金に貢献する資産を確認しよう

その他の資産、例えば設備などの固定資産や前払費用は、基本的に直接お金として回収するのではなく間接的に、お金が回収されます。要するにお金をもたらすパワーを持っているのです。

具体的には、設備であればそれを稼働させ製品を製造しそれを顧客に販売することで、お金を稼ぐことができますよね。そう、「ポケットにお金を入れてくれる」のです。だからこそ資産としての価値があるのです。

前払費用もそうです。具体例として、オフィスの家賃の前払金やPC代金などがあります。これも「お金が流入させるパワーがあるのか？」という視点で眺めることで経営に関連してきます。

例えば、家賃であれば「そこをオフィスにする必要があるの？　今のオフィスにすることで売上に貢献しているのか？」という思考になることで、もしかしたらその価値がないと判断するかもしれません。そうすると、引越しという経営意思決定をすることが合理的かもしれませんよね。

また、PCも同様です。メンバーがそのPCを使うことで効率的に業務をすることが可能となり、お客様に価値を与え、収益に貢献しているなら、「ポケットにお金を入れてくれる」ので資産だと言っていいでしょう。

一点注意したい項目が「前渡金」です。これは、例えば仕入代金の前払金（例えば1,000の代金の商品の半分を前払い、500）なので直接的にお金になるわけではありません。いつか商品などの棚卸資産になる項目です。そのためお金として回収という意味で、いつ棚卸資産となりお金になるのか？　という視点で確認するといいでしょう。

負債項目を見る方法【お金が出ていく？　いつ？】

次に負債項目です。これは資産と反対の観点を持てば問題ありません。というのは、負債はあなたのポケットから「お金をとっていく」ものだからです。この視点で貸借対照表の地図の負債項目を眺めるのです。いつお金が出ていくのだろう？　本当に出ていくのだろうか？　とビジネスの場面をイメージしながら眺めましょう。

例えば、仕入代金の買掛金であれば、契約書の支払期限との整合性を確認しながら確認してください。また従業員の給与の未払金は、通常毎月支払いのはずなので、貸借対照表には計上されていたとしても１ヶ月分になるはずです。借入金は、契約によって返済期限が決まっています。そのため、それと確認しながら、借入金項目を眺めてください。実際にあった話として実は借入金の返済期限が迫っているのにそれに気がつかず、ギリギリで親会社に頼るといったケースもあります。この場合、日本の親会社と揉める可能性があるので注意したいところです。

やっかいなのが長期に残ってしまっている負債項目です。内容が不明だったり、長期に未払いだったりするとベトナムの税務上、利益になってしまう可能性もありますので留意しましょう。

負債だけどお金が出て行かない

負債にも関わらず、お金が出ていかない場合があります。それは、前受金と前受収益です。この項目の細かな意味の違いについて細かい説明はしません。売上代金の一部を前もってもらったときやサービスが未完了の場合があるときにこの勘定科目を利用します。この場合、負債であるにも関わらずお金が出ていきません。その代わりに商品やサービスの提供が未完了であるため、それを提供する義務はあります。この点は留意する必要があります。

ベトナムの開示ベースの日系企業でよく利用される勘定科目ごとにポイントを示しておきます（図表 45）。

この視点で見ていれば、利益が増えているのにも関わらずお金が減っている理由もわかります。実際に私が支援しているお客様の中で、利益が毎月増えているからと安心していたところ、その後資金が減っていることに気づき急遽日本の親会社に借入を依頼することになって揉めてしまったいう事例もあります。なぜ、お金が減っていたのでしょうか？　それは売掛金がその会社の適正な金額よりも増えていたからです。回収できていなかったのですね。

海外子会社に限らず多くの社長様が損益計算書ばかりをチェックして、貸借対照表を見ません。ダイエットの結果ばかり見て、健康診断書をきちんと見なければ健康を害してしまうリスクが高まりますよね。それと同様です。貸借対照表には経営の重要な情報がたくさん含まれています。

〔図表45　日系企業でよく利用される勘定科目ごとのポイント〕

資産の項目：お金回収できそうか？お金になる？それはいつ？	現金	お金	お金そのもの
	現預金		
	売掛金	直接	回収できる？いつ？
	前渡金	間接	いずれ仕入れや費用になる
	関係会社債権	直接	回収できそうですか？それはいつ？
	貸付金	直接	回収できそうですか？それはいつ？
	その他未収入金	直接	回収できそうですか？それはいつ？
	棚卸資産	間接	その金額で顧客に売れそうですか？いつぐらい？
	前払費用	間接	内容は？それを利用して収益生み出しているか？
	付加価値税（控除可能）	直接	還付して回収できそうですか？それはいつ？
	未収税金等	間接	回収できそうですか？それはいつ？
	有形固定資産	間接	稼働して製造した製品売れそう？稼働している？
	無形固定資産	間接	収益に貢献しているか？

負債の項目：いつお金出ていく？支払う可能性はどれくらい？	買掛金	直接	いつ支払う？
	前受金	-	商品を提供する義務
	未払税金等	直接	いつ支払う？
	従業員未払金	直接	いつ支払う？
	未払費用	直接	いつ支払う？
	関係会社への債務	直接	いつ支払う？
	前受収益	-	サービスを提供する義務
	その他の流動負債	直接	いつ支払う？
	短期借入金及びリース債務	直接	いつ支払う？
	引当金	間接	支払う可能性ある？

見えない資産を意識せよ！【超重要】

貸借対照表の資産を眺めるとき「見えない資産」がどれだけ積み上がっているのか？　という点が大切です。なぜならば、この「見えない資産」があなたの会社の稼ぐ力となっているからです。

ここで、経営に関連させる会計という点でもう1つ重要なことをお伝えしなければいけません。それは会計の限界です。具体的に言うとお金で客観的に評価できない価値は財務諸表に記載されないという点です。

例えば、あなたの会社に超優秀な人材がいたとします。この人のおかげであなたの会社には莫大な収益があがっています。つまり、資産です。しかしながら、現状の会計のルールではこのような価値が決算書に計上されることはありません。

というのは、人材については客観的にお金で評価できないからです。人によっては1億円と評価する場合もあるでしょうし、2,000万円と評価するかもしれませんよね。

のれんとは

このような価値を専門用語で「のれん」と表現します。のれんとは、会社の信用やブランド力、知名度、ノウハウなど目に見えない資産のことを言います。こののれんですが、その由来は、文字通りお店の入り口にかかっている暖簾（のれん）です。とても評判のいい有名な店の名前が、入り口の暖簾に書かれていたら、そのブランド力や信用力でお客様が集まります。

例えば、有名なラーメン店の二郎ラーメンもそうです。「二郎ラーメン」にはブランド力、認知度や信用が積み上がっているため、その名前が暖簾に書かれていることでお客様がたくさん食べに来ます。ベトナムでも「二郎系」と言われているお店があるのですが、気になって行きたくなります。つまり、「二郎」というブランドが集客力を高めているのです。

また、のれん分けって言葉がありますよね。これは実際に関わっていた事業のブランド力、認知度及び信用度をのれんという形で分けてもらうことです。これにより、売上が早期に見込め事業がスピーディーに進めることができます。

もし、のれんがなければお客様はすぐには来てくれないでしょう。事業を立ち上げしてから、毎日の努力によってやっと世間から認知してもらいます。そして、ちょっとずつ信用を積み重ねて、やっとお客様になってもらい、そして対価をもらうことができるのです。

要するにのれんの価値は高いのです。あなたも普段お店が持つブランドによって購買の意思決定をしているはずです。例えば、スタバであればかっこいいし雰囲気がいいから、他のカフェではなくてスタバに行こう、と意思決定しているかもしれません。これものれんの影響です。のれんの具体的な例としては下記があるでしょう。

・ブランド力
・認知度

・信用力
・ノウハウ
・コンテンツ
・従業員の満足度
・経営者のメンタル
・場所
・コミュニティー
・コネクションの数
・顧客リスト
・フォロワー数
・サブスクリプション・サービスの加入数

なぜ、見えない資産の重要性が高まっているのか？

現代においては、より、のれんの重要性は高まっています。のれんは無形資産と言い換えることもできます。時代背景として、物質的貧困という不便が現代においてほぼほぼ解決されていることが挙げられます。具体的に言うと戦後のような昔は食糧が不足・洗濯ができない・移動に時間がかかるなどの不便の存在感が大きかったのですが、現代ではそれほどでもなくなりました。

物質的貧困の要素が強かった時代は、モノをつくるための設備が必要であったため、いわゆる、「有形資産」に重要性がありました。製造業のような業種を想像するといいと思います。

しかしながら、現代における大企業の価値を分析すると、企業の市場価値（企業の価値というイメージで構いません）に占める無形資産の割合が80％超となっているのです。具体的にはGAFA（グーグル、アマゾン、フェイスブック、アップル）と呼ばれる企業をイメージするとわかりやすいでしょう。大きな設備のような有形資産が資産の大部分を占めているとは想像できないはずです。

もちろんベトナムではまだまだ物資的なニーズが高くこれからも消費が増えていくというフェーズにあることは否めません。ただいずれにしても見えない資産の重要性は今後も高まっていくでしょう。

このように経営と会計を密接に関連させるという意味で、この「見えない資産」を無視することはできません。とはいうものの、日本からベトナムに進出されている企業の割合として製造業の比率は依然として高いですから、有形資産の重要性は高いままです。

しかしながら、製造業の場合であっても「見えない資産」の存在感が高まっていくという傾向は否めません。やっぱり人材はどの企業にとっても重要でしょう。人財という言葉もあるくらいです。

最近では製造業以外のサービス業の進出比率も高まっています。したがって、財務諸表には直接計上されることのない見えない資産を増やすための、あなたの行動はいったいなにか？　ということに脳みそや時間を消費しなければいけないのです。

このように貸借対照表を眺める際「見えない資産」が日々の経営の判断の結果、積み上がっているか？　という視点が会社を継続させ発展させるという意味で重要です。

財務諸表にのらない負債がある

のれんは価値、つまり、資産のお話でした。その反対についても意識することが重要です。すなわち、負債に金額が計上されていないけど「お金をとっていく」という可能性があるということです。具体的には、なにかのはずみで、お金を払うことが決定してしまう可能性のことです。爆弾を抱えているようなイメージでもいいでしょう。ベトナムでの具体例には下記があります。

・ベトナム税務の追徴課税リスク（いわゆる罰金）
・その他法令違反による罰金

ベトナムの場合、特に税務調査による罰金リスクがゼロになるということはまずありません。どんなに正しく対応していたとしても解釈が曖昧な点が存在するからです。そのため、このリスクを認識しお金がどれくらい出ていくのだろうか？　という視点も持ってください。

これまで述べた資産・負債を図解すると、図表 46 のようになります。ここでも貸借対照表の図が出てきますので、しっかりとこの箱のイメージを持ちましょう。

〔図表 46　見えない資産こそが競争優位性〕

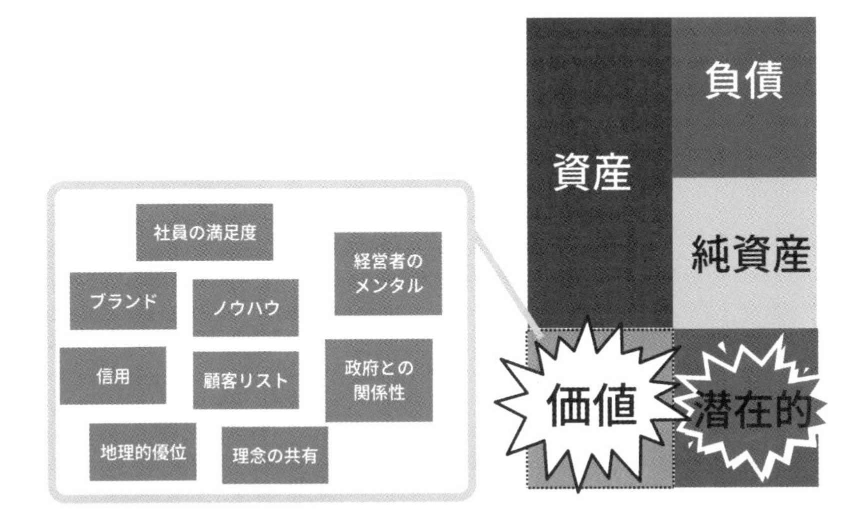

資産的な発想はあなたの人生の幸福にも役立つ

会計的な思考が人生の幸福度にも貢献するといったら嬉しくはありませんか？　実際、先に述べた資産的な発想は私たちの人生をより豊かにしてくれるでしょう。資産と聞くと、定年退職後の 2000 万円が必要と言われることからお金や株のいわゆる金融資産を思い起こす人が多いでしょう。しかし、それは全く正しくありません。

『LIFE SHIFT（ライフ・シフト）─100 年時代の人生戦略（リンダ・グラットン、アンドリュー・スコット 著 / 池村 千秋 訳、東洋経済新報社）によれば、無形資産には生産性資産（スキル・知識など）、活力資産（健康・友人・愛）、変身資産（人生の途中で変化と新しいステージへの移行を成功させる意思と能力）という 3 つの資産が紹介されています。

このようなお金以外の資産に着目することによって、結果的に私たちのお金の心配もなくなるでしょう。

例えば、ベトナムで海外子会社管理スキルや会計スキルを身につければ、あなたのキャリアの可能性はもっと広がり高い職階や新しい環境へステップアップできるかもしれません。また、ベトナムで築き上げた人間関係も結果的にお金となるはずです。他人や社会に貢献することで「信用」となり、それが「資産」に変換し、結果的にお金となるのです。

ベトナムでは日本人が少ないことから逆に濃い人間関係を構築することが可能です。県人会や同年代会のようなコミュニティーから商工会まで幅広い業種の人と人脈をつくることが可能です。日本では絶対に関わることができなかったような大企業の人と繋がりをつくって商談につながったお話も聞きます。

そして、もちろん「健康」がとても最も大切です。というのは健康でなければ世の中に貢献できず稼ぐこともできないからです。すべての土台は健康です。

あなた自身の貸借対照表を想像しながら貯金や株、不動産といった有形の資産だけでなく、スキル資産、健康資産、人脈資産はどれくらい積み上がっているだろうと考えながら行動することでぼくたちはもっと幸福になれるでしょう。

2　【ポイント②】近江商人から学ぶ、損益計算書を見る方法

損益計算書には一般的に次の項目が上から順番に記載されています。

・売上
・売上原価
・販売費及び管理費
・営業外損益
・特別損益
・法人税

基本的な構造は、収益から費用を差し引いて利益というシンプルな構造であるため多くの人が理解していると思います。しかし、経営といった視点を取り込むためにストーリーと関連させるとより効果的です。

そこで、近江商人のお話が役立ちます。近江商人とは、中世から近代にかけて活躍した近江国（現在の滋賀県）に本宅（本店、本家）を置き、他国へ

行商して歩いた商人の総称で、大坂商人、伊勢商人と並ぶ日本三大商人の1つです。

その中でとても有名な経営哲学があります。それは三方よしで「売り手によし、買い手によし、世間によし」です。つまり、お客様も仕入先もそして、社会もウィンになるという活動理念です。まさにWIN・WIN・WINですね。関わる企業やその中の人、全員の幸福です。

なお弊社のビジョンもこれを真似ています。①マナボックスベトナムのメンバーの幸福、②顧客・協力先のビジネスパートナーの幸福、そして③社会の幸福です。

三方よしから八方よし、そして損益計算書

ただ、現代では状況がより複雑化していることから、三方よしを進化させた八方よしという考え方が提唱されています。この八方よしは『持続可能な資本主義』(新井和広著、株式会社ディスカバー・トゥウェンティ ワン)という書籍で紹介されています。

八方よしとは、①社員②取引先・債権者③株主④顧客⑤地域(住民・地方自治体など)⑥社会(地球・環境など)⑦国(政府・国際機関など)⑧経営者のステークホルダー全員と、どちらにとっても利益となる「共通価値」を創造することです。三方よしと比較すると、図表47のようになるでしょう。

〔図表47 三方よしと八方よし〕

八方よし	三方よし
①社員	売り手よし
②取引先・債権者	売り手よし・買い手よし
③株主	売り手よし
④顧客	買い手よし
⑤地域(住民・地方自治体など)	世間よし
⑥社会(地球・環境など)	世間よし
⑦国(政府・国際機関など)	世間よし
⑧経営者	売り手よし

〔図表 48　八方よしと損益計算書の関連〕

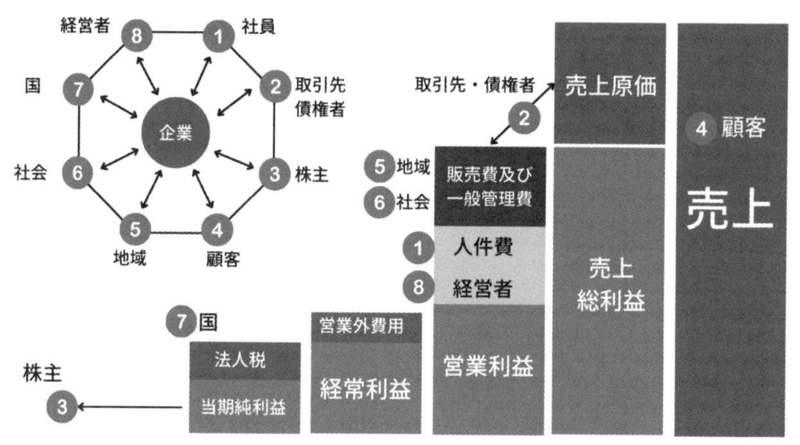

資料：『持続可能な資本主義』を加工し筆者作成

これと関連させて損益計算書の構造を理解すると、より経営とつながってくるため記憶に残りやすくなります。特にこれからの時代において SDGs などからわかるように「世間よし」の重要性・必要性が高まってきています。そのためこの観点で決算書を見ることは有用です。

損益計算書と関連させるために順番は、図表 48 のように変更するといいでしょう。

④顧客→お客様に価値を与えているか？
②取引先・債権者→売上原価や販売管理費。相手から搾取してないか？　値切りすぎてないか？
⑤地域（住民・地方自治体など）→地域に貢献しているか？
⑥社会（地球・環境など）→寄付金などでを払っているか？
①社員→人を大事にして人件費として投資しているか？
⑧経営者→役員報酬はいくらくらいか？
⑦国（政府・国際機関など）→法人税を払っているか？
③株主→配当金は支払いできるか？

なお、八方よしは、前述の「見えない資産」とも関連してきます。なぜなら、「信用」が含まれるからです。

ジョンソン・エンド・ジョンソンの我が信条と損益計算書の関係

また、次のように損益計算書を見るコツもあります。考え方の根本は同様です。お好みの方法を利用してください。それはジョンソン・エンド・ジョンソンのコア・バリューである「我が信条 (Our Credo)」と関連させる方法です。

ジョンソン・エンド・ジョンソンについては、世界的な企業なのでご存知の人も多いと思います。「バンドエイド」やマウスウォッシュの「リステリン」、使い捨てコンタクトレンズの「アキュビュー」「ベビーローション」などなど…。一度は絶対聞いたことあるはずです。

「我が信条 (Our Credo)」に記載してある 4 つの責任をまとめると、下記のようになります。

・一番目が顧客とビジネスパートナー（買う・売る）
・二番目が社員とその家族（仲間）
・三番目が社会（税金）
・最後が株主（配当）

これを損益計算書の雛形の順番と関連させるのです。

・売上（①顧客）
・売上原価（①ビジネスパートナー）
・販売管理費（②社員とその家族）
・税金（③社会）
・株主（④配当）

このように我々の経営活動と損益計算書を関連させることで記憶しやすくなるという点に加え、より深い視点で決算書を見ることができるようになります。これにより経営をよりよく変える行動も起こしやすくなるのです。

例えば、仕入先のビジネスパートナーが大切であるとしても、売上から売上原価を差し引いた粗利があまりにも低いのであれば、会社の従業員が不幸かもしれません。

なぜならば、粗利から販売管理費である人件費を支払うのであり、通常よりも低い人件費を払えていない可能性があるからです。この場合、販売単価を上げるという行動が必要かもしれません。

〔図表49　点と線で理解しよう〕

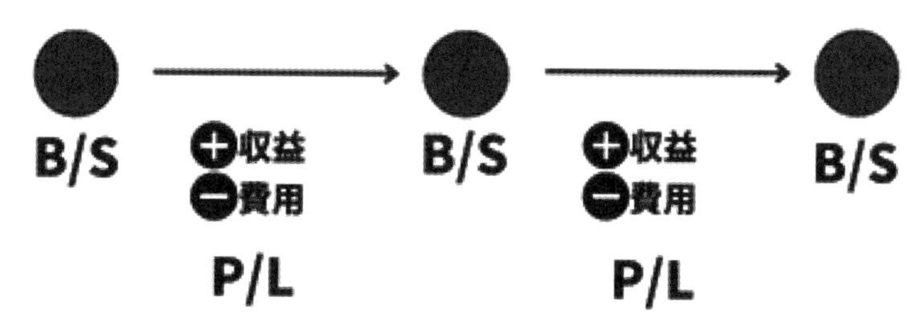

3　【ポイント③】点と線で決算書をイメージする

この考え方は多くの会計の書籍にも記載されています。つまり、とても重要だということです。やはり、重要な考え方の型を用いることによって決算書の仕組みの理解が深まり記憶もしやすくなります。

損益計算書は「線」で貸借対照表は「点」です。損益計算書では期間の情報が含まれます。例えば、2020年1月から12月までの売上や費用の情報です。一方で貸借対照表では、ある時点の数字の大きさが表現されます。要するに「点＝その時点」「線＝期間」です。フローやストックとも表現されます（図表49）。

そしてフローには「入りと出」があります。あなたの会社の本社の管理部門の人やコンサルティングの人がこのフローとストックと発言しているのを聞いたことがあるかもしれません。

点と線は数字の基本的な考え方であり身近なところでも発生

この点と線の考え方は、身近な我々の例でも発生しています。それは数字の基本的な考え方であり普遍的だからです。

・給与と使ったお金（フロー）→貯金（ストック）
・摂取カロリーと消費カロリー（フロー）→体重（ストック）
・経験を文書化する、しない（フロー）→使えるノウハウ（ストック）

給与についてはわかりやすいですよね。月に一度の給与が収入でそこから生活費や娯楽費が支出（フロー）で残った金額がストックとなります。その金額を貯金したり投資することで資産が形成されます。

ベトナムに駐在にされると海外手当などの手厚い手当があり収入が増えても、ほとんど支出しない場合もあり、この場合は多く貯金できます。駐在時代で大きな資産を築き上げ自分でビジネスを始める人もいるそうです。

一方でカラオケやカジノでたくさんお金を使ってしまう人についてはストックがほとんど残りません。

ベトナムに駐在してから太ったという人にたくさん会います。例えばベトナムの食べ物が美味しいためたくさん食べすぎてしまうのにも関わらず、日本で習慣化していた運動ができなくなってしまった場合があります。この場合、摂取カロリーが増えたのにも関わらず消費カロリー（フロー）が増えなかったため、その結果、体重が（ストック）増えました。これも線と点ですよね。

最後の喩えは、ベトナムを含む海外子会社管理すべてに共通する悩みだと思います。その悩みとは経験をマニュアル化しないことによるノウハウが蓄積しない点です。バケツに穴があいたような状態をイメージするとわかりやすいでしょう。

例えばベトナムの税務申告のミスの経験をする、けれども、そのときの注意点をマニュアル化せず、その子が退職してしまい、その結果、会社にノウハウが残らない。というケースです。つまり、せっかく経験（収入）したのにそれをノウハウとして残さないで当事者が退職（支出）したためストックがゼロという状況です。

このように数字（最後の例は数字で客観的に表現できませんが）には必ず、「点と線」の性質を持っているので、このテンプレートを思考に持っておくと会計の理解に役立ちます。

「T 字勘定」も覚えておくとかなり便利

もう 1 つ絶対に覚えて欲しい図があります。それは「T 字勘定」です。これは本来簿記で使われる仕訳をまとめるために作成する図のことです。仕組みはいたって簡単で「入ってきた数」「出ていった数」を簡単にわかるよう

〔図表 50　T 字勘定〕

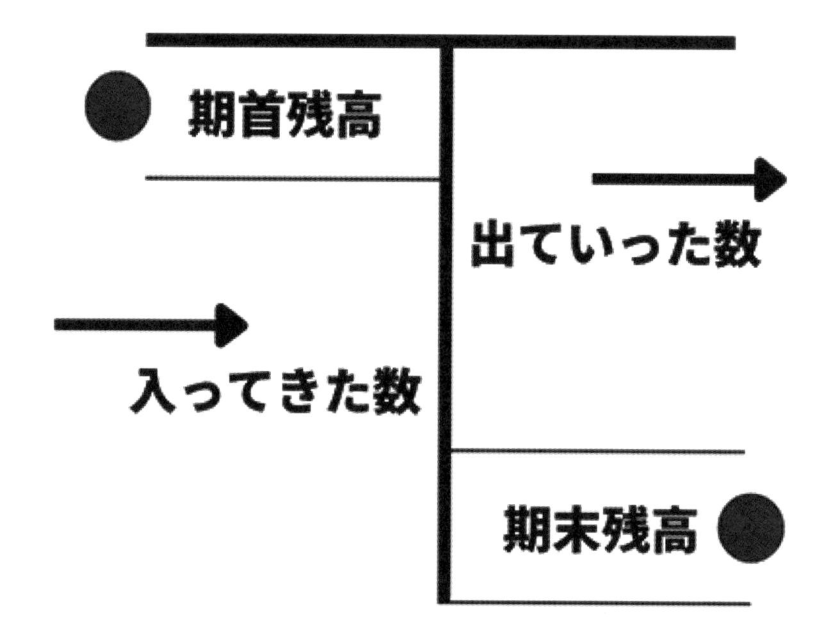

に整理し、「残っている残高」管理する手法です。

複雑な計算ではなく、足し算と引き算だけの知識で十分ですし、何より視覚的に理解できます。そしてお気づきかもしれませんが、これも「点と線」という型に当てはまりますよね。

少し難しく感じるところは左上が「期首残高」で右下が「期末残高」である点かもしれません。

「点と線」の前提として期間を区切っている点があります。会計の場合は月や会計年度で区切っています。そのためストックといった残高という概念が生まれます。

すなわち会計で利用する「T 字勘定」は①期首残高②インプット③アウトプット④期末残高の構成要素に分類されます（図表 50）。例えば 10 月であれば 1 日が期首で 31 日が期末です。

この「T 字勘定」を利用することで製造現場の原材料などの議論がストレスなく進めることが可能となりますよ。

4【ポイント④】比較しよう！　過去・なりたい姿・同業他社

4つ目は比較です。決算書の数値から実態を読み取れたとしても、それがいいのか？　悪いのか？　判断できないと会社のリアルな「うめき声」や「歓喜の声」まで聞こえません。

そこで、数値を「比較」することが有用です。人間として他人と比較することは私たちの不幸の始まりですが、決算書の場合はどうしても数値の「比較」を無視できません。

例えば、私は現在運動を毎日しており心拍数を170超になるまで上げるという数値の目標があるからこそ「今日は運動したな。してないな」という判断が可能となります。しかし、このような基準がないとその判断ができず運動も継続できていないでしょう。

決算書も同様です。基準が必要です。そのために３つの基準と比較することが有用です。その３つとは…

①　過去の自分（前年比較、前月比較）

②　なりたい姿（予算比較）

③　同業他社

です。過去の自分とは前月比較や年度比較です。これにより、成長したか？異常値は生じてないか？　などが判断できます。損益計算書の月次推移表は必須です。必ず作成しましょう。

次になりたい姿です。これは、予算や利益計画・事業計画のことです。数値目標を持ち、それと比較することによって、ターゲット達成をする可能性は高まるはずです。そのため、利益計画等を作成していない場合は、作成する必要があるでしょう。

もちろん、今はVUCAの時代ですから計画が読めないことがほとんどかもしれませんが、やはり、ターゲットがないと行動が遅くなってしまいます。３年計画などは意味が希薄になっていますが、例えば、３ヶ月おきに計画を見直して柔軟にピボットすることは重要でしょう。

上記の過去との比較、なりたい姿との比較の２つの方法は、シンプルかつ最強のメソッドです。私の監査法人時代やインドでの財務責任者時代、そしてベトナムでのコンサル事業での経験を通じて、この方法を用いて会社の問題点や誤り、不正を発見してきました。

他にもいろいろ複雑で高度なメソッドはありますが、この方法でまずは決算書を読み取ることを実践してみてください。大丈夫です。難しく考えないでくださいね。並べて比較するだけですから。

最後は、「同業他社」との比較です。例えば、製造業で部品を取り扱っているのであれば、これくらいの数値になるはずだなということです。IT、食品業界、商社、コンサル業界など業種ごとの標準的な数値との比較することによって見えてくるものがあります。

ベトナムでは日本と違ってまだインターネット上で業種ごとの情報がわかりやすく公開されているケースが少ないと思います。その場合はコンサルティングファームや専門家に聞いて情報収集してください。

もちろん、個別企業の情報は教えてくれないですが、相場観は教えてくれるはずです。この書籍の目的を超える少しだけ高度なお話になってしまいますが、総利益率や労働分配率、一人当たりの粗利などの相場情報を入手できるかもしれません。

5【決算書が簡単にわかる】数値の羅列でなくグラフで視覚化しよう！

あなたは経営会議でこのような経験をされたことはありませんか？　ただの数値の羅列、正直中身がよくわからない、比較もできないレポート、経営会議中は、まるでお経を読んできるようで全く理解できない。苦痛。眠いなあ…。

「そう！　わかる！」と共感された方もいるでしょう。しかも、ベトナムドンの桁は大きすぎます。500,000 ドンはおおよそ 2,500 円です（なお、本書を執筆している 2022 年度は円安傾向なのでもはや 200 で割っておおよその日本円を算出することができません）。ベトナムドンは数字が大きすぎてよくわからないのですよね。私であっても金額が億円を超えるくらい大きくなると、ベトナムドン表記の数字に未だに混乱してしまいます。

〔図表 51　A3 で決算書を見える化〕

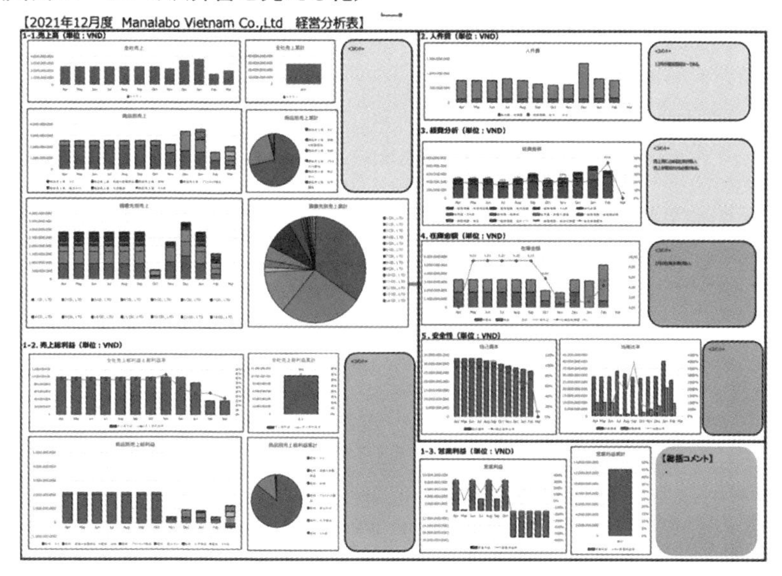

数値の羅列では、どうしても頭の中に入ってきません。私は公認会計士として外部及び内部からこれまで決算書の数値に多く関わってきましたが、それでも数値の羅列だけだと苦痛です。会計士である私でさえ辛いのに、ベトナムの現地社長様にとっては苦行でしかないと思います。

そこで役立つのが、視覚化・ビジュアライゼーションという方法です（図表 51）。

要するに決算書の数値をグラフによってより直感的に簡単に伝わりやすくする方法です

どうでしょうか？　かなり見やすくなったと思いませんか？　感覚的に決算の状況を理解しやすくなりました。

グラフの歴史

現代であれば、棒グラフ・折れ線グラフ・円グラフを目にすることが当たり前です。このグラフの歴史を学ぶとより､効果について納得いただけます。このグラフは、ウィリアウム・プレイウェアというスコットランド人によって発明されました。18 世紀のことです。意外と最近なのですよね。

ウィリアウム・プレイウェア氏は「図の表で、永続的に記憶に刻むのに丸一日かかるような情報をチャート（グラフ）であれば５分で得ることができる」と主張していました。

あなたも、グラフのほうが頭に入りやすいというのは直感的にわかるはずです。

視覚化することによる最大のベネフィットは、経営改善のための行動につながりやすいということです。グラフによる視覚化によって、あなたの会社のうめき声や喜びが直感的かつ瞬時に理解できます。つまり、「理解」することができるため「発見」することの可能性を高めてくれます。

例えば、費用の無駄使いがあったということが直感的かつ瞬時にわかればそれについて解決しようという行動が起こせます。しかしながら、数値の羅列だけだと「理解」と「発見」つまり「認識」できずにそのままスルーされてしまうということがよくあるのです。

「見える化」されるからダイエットが成功。決算書も同じ

身近な例ではダイエットがあります。過去 NHK の「ためしてガッテン」という番組で放送され、話題となった『計るだけダイエット』をご存知でしょうか？　文字通り､毎日２回ずつ体重計に乗り続け計るだけの行為です。これだけでなぜ、ダイエットの効果が出るのか？　その要因はチャートによる「視覚化」です。「認識」することによって、ダイエットのための努力がしやすくなったのです。

先にも述べましたが、私は健康とパフォーマンス発揮のため運動を重要視（経営者として一番大事かもしれません）しており、歩数 10,000 歩と心拍数を上昇させるというのを習慣化することを目標にしています。ウェアラブル端末によって運動の記録をグラフ化してくれます。心拍数を上げることによって、脳に様々ないい効果があるしメンタルにもいいからです。

私は脳の専門家でないので詳しくお話することはできませんが、これに関わる情報はインターネットや多くの書籍から入手できますので調べてみてください。おすすめです。

これによって、運動していない日は折れ線グラフや棒グラフになにも変化が生まれなくなります。要するに視覚化されることによって「今日は運動してない」と認識しやすくなるのです。これがなんだか気持ち悪い感覚を呼び起こし、運動を習慣化できるようになりました。また、グラフが変化することによる達成感もあるのでこれも要因だと思います。

インド駐在時の見える化の効果

実際に私がインドで製造会社の財務担当者をしていたときもこの視覚化が経営を改善させるために役立ちました。第2章の社長が会計に苦しむ「5つの落とし穴」でお伝えした通り、海外の現地社長は通常、多忙であることから会計が疎かになってしまいます。そこで私が中心となり、決算書の視覚化をA3一枚で実施したところその効果は絶大でした。

改善できるはずの原材料の消費や無駄なコストを経営会議で認識することができるようになりました。また、未回収の売上債権の早期発見や大きすぎる在庫も認識することができたのです。

さらに販売価格交渉をするきっかけともなりました。その結果、値上げの交渉もうまくいき収益が改善されました。このような効果を考えるとやらない理由はありませんよね。

この視覚化ですが、本書のテーマである会社のストーリーを決算書から読み解くという目的を達成するための重要なツールとなります。では、どのようにグラフかするのか？　という手順の概要も解説します。

エクセルで可視化のためのグラフ化の3つのステップ

決算書を可視化すると言ってもどのような手順ですればいいのか？　よくわからないと思います。あなたの会社のスタッフにお任せしても「再現性」が低い、修正不可能な融通の効かないシートが出来上がる可能性が高いでしょう。なぜそう言えるかというと私自身が海外で同じような経験をしているからです。つまり、属人性が高くて複雑なシートが出来上がってしまいます。

そこでそのような属人性を排除した効果的な方法を紹介させていただきます。それは次の3つのステップです。この方法はエンジニアが推奨している方法であり海外、ベトナムでも再現性は期待できます。

⑴　会計システムから帳簿をダウンロードする【データ】

⑵　それを加工する【オペレーション】

⑶　グラフで可視化する【ビジュアライゼーション】

この３つをそれぞれきっちりと独立させて分類するという点がポイントです。このルールをあなたのスタッフが守らないと再現性のない資料になってしまうので、くれぐれも注意してください。

まず、数値の入力だけをするシート（データ）です。このステップ１のシートでは関数等は設定せずただ数値の入力だけをします。会計ソフトからのダウンロードした金額をそのまま、またはコピペするステップです。なにも加工しないというのがポイントです。これが後々大きな効果をもたらします。

２つ目は加工シートです（オペレーション）、ここでは入力シート（データ）からリンクさせ、必要な数値だけを持ってきて、計算式や関数を設定します。例えば、営業利益と率をみたい場合にはこの金額をリンクさせ率を表示させます。

そして、最後の３つ目は可視化したグラフの表（ビジュライゼーション）です。A3 などで、あらゆる数値や指標を１枚にまとめるというのがポイントです。これにより「お経を読むだけの眠い」の経営会議から、意味のある活気のある「経営会議」に劇的に変化します。

ベトナムの会計ソフトによってはグラフ機能がついている場合もありますので、それを利用するといいでしょう。ただ豊富なグラフか？　見やすいか？といった面ではまだまだ不十分な印象があります。そのため、会計ソフト以外のデータ可視化ツール（最近いろいろ便利なツールが出てきています）を試してみるのもいいと思います。

決算書における相性のいいグラフの種類の９つのパターン

エクセルのグラフ機能はたくさんのグラフ種類があります。そのため、どのグラフを選んだらいいのか？　迷うこともあるでしょう。

そこで、決算書の場合の相性のいいグラフの種類とその組み合わせについてお伝えします。エクセルで決算情報を見える化・可視化してみようという場合に有用です。

・何を見たいのか？
・どのグラフが相性いいのか？
・どのように比較したいのか？

この視点で整理していくと効果的かつ効率的です。

まず、１つ目のなにを見たいのかですが、これは「金額」と「率」の２つの視点で整理しましょう。決算書ですから数値である金額を見たいのは当たり前ですよね。あなたが本社に報告する重要な情報は、売上金額、粗利及び営業利益などの金額情報です。それ以外でもなぜこのコストが先月よりも増えたのか？　という費用の推移を重視している会社も多いですが、これも金額の情報です。

「金額」の他に「率」も重要となります。なぜならば経営のためには売上総利益率や営業利益率という指標が重要だからです。

なお、本書では経営分析指標についての詳細な説明はしておりません。ただ、粗利率や営業利益率については比較的、馴染みが深い言葉だと思いますので、率についてはまずこの指標を思い浮かべてください。

２つ目のどのグラフを利用するのか？　という点ですが、「棒グラフ（集合縦棒・積み上げ）」、「円グラフ」及び「折れ線グラフ」の３つです。これ以外にもたくさんのグラフは存在しますが、基本的に必要ありません。無視してもらっても問題ありません。後で詳細に解説しますが、金額は「棒グラフ」で、率は「折れ線グラフ」で整理し、内訳が必要な場合は「円グラフ」を利用します。

３つ目のどのように比較という点では、上記の「金額」「率」と「グラフの種類」に「比較対象」（前期、当期、予算の３つ）の視点を加えます。第６章で解説した比較しよう！　過去・なりたい姿・同業他社とも関連してきます。グラフ化するときの視点で実務的に利用するのは、例えば月次推移などの月ベースでの過去や前年同期比です。これに加え予算比較を重視している会社では、予算との比較をグラフで表すこともあります。

これらをまとめると図表 52 のようになります。

〔図表 52　グラフ化の９つパターン〕

番号	パターン	金額				率				相性のいい金額・指標
		①		②		①		②		
		What?	グラフ	What?	グラフ	What?	グラフ	What?	グラフ	
1	当期金額＋前期比	当期金額	集合縦棒	-	-	前期比	折れ線	-	-	売上や各段階損益
	当期金額＋予算比	当期金額	集合縦棒	-	-	予算比	折れ線	-	-	
2	当期金額＋率	当期金額	集合縦棒	-	-	率※	折れ線	-	-	売上や各段階損益、在庫と回転期間
	当期金額＋率2つ	当期金額	集合縦棒	-	-	前期比or予算比	折れ線	率※	折れ線	
3	金額のみ、当期及び前期	当期金額	集合縦棒	前期金額	集合縦棒	-	-	-	-	売上や各段階損益
	金額のみ、当期及び予算	当期金額	集合縦棒	予算金額	集合縦棒	-	-	-	-	
4	金額2つ（当期と前期）＋率	当期金額	集合縦棒	前期金額	集合縦棒	率※	折れ線	-	-	売上や各段階損益と営業利益率など
	金額2つ（当期と予算）＋率	当期金額	集合縦棒	予算金額	集合縦棒	率※	折れ線	-	-	
5	金額2つ（当期と前期）＋率２つ	当期金額	集合縦棒	前期金額	集合縦棒	率※	折れ線	前期比 or 予算比	折れ線	売上や各段階損益と営業利益率など
	金額2つ（当期と予算）＋率２つ	当期金額	集合縦棒	予算金額	集合縦棒	率※	折れ線	前期比 or 予算比	折れ線	
6	金額：積み上げのみ	当期金額	積み上げ	-	-	-	-	-	-	事業部別や得意先別、販売費及び一般管理費の内訳
7	当期金額＋前期比	当期金額	積み上げ	-	-	前期比	折れ線	-	-	
	当期金額＋予算比	当期金額	積み上げ	-	-	予算比	折れ線	-	-	
8	金額：円グラフ	当期金額	円	-	-	-	-	-	-	得意先別や仕入先別の内訳
9	B/Sをグラフ化する	-	-	-	-	-	-	-	-	

※ 率：売上総利益率や営業利益率など

では実際にこの視点を持ちながら損益計算書に関わる８つのパターンのグラフ（図表 53）を詳しく解説していきます。

〔図表 53　損益計算書の８つのパターン〕

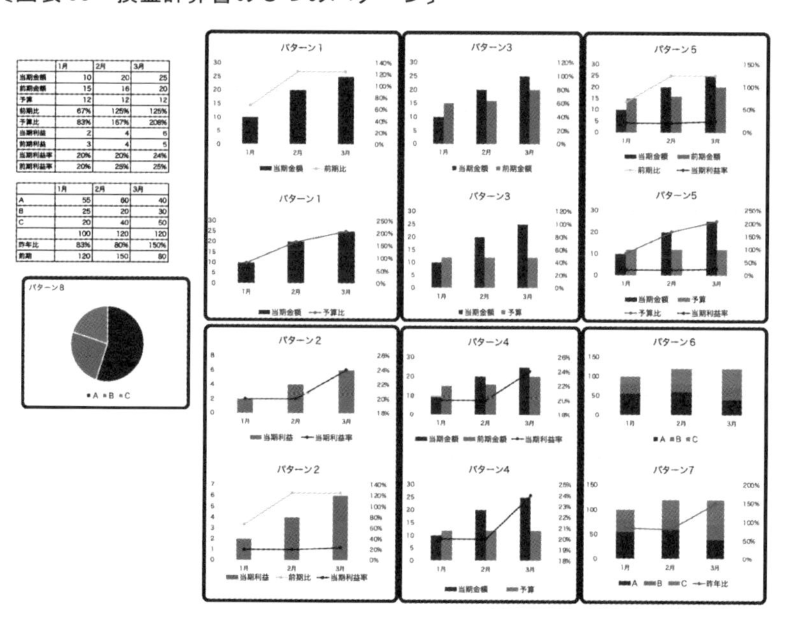

	1月	2月	3月
当期金額	10	20	25
前期金額	15	16	20
予算	12	12	12
前期比	67%	125%	125%
予算比	83%	167%	208%
当期利益	2	4	6
前期利益	3	4	5
当期利益率	20%	20%	24%
前期利益率	20%	25%	25%

	1月	2月	3月
A	55	60	40
B	25	20	30
C	20	40	50
	100	120	120
昨年比	83%	80%	150%
前期	120	150	80

損益計算書の集合縦棒グラフの５つのパターン

基本パターンと言ってもいいでしょう。経営者が気にすべきなのは金額だからです。１つ目は「当期の金額」を集合縦棒にして折れ線グラフを「前期比」や「予算比較」にするパターンです。前期比でどれくらい成長したか？　予算と比較してどうだったのか？　を注視している場合にはこのパターンが有用です。

実務上も「前期と比較してどうだったのか？」を気にしているケースが多いので、このパターンを使うことが多いです。

２番目は「当期の金額」については１番目と同じですが、折れ線グラフの率を「売上総利益率」や「営業利益率」にするケースです。営業利益率をKPI（重要業績指標）としている、日本本社が営業利益率を気にしている場合にはこのパターンが有用です。

これに１パターン目の「前期比」や「予算比」を加えて、折れ線グラフを２つにするパターンも有用です。「前期比」等も重要だし、「営業利益率」も知りたいというケースです。

３番目は２つの「金額」（例えば当期売上と前期売上）を集合縦棒にするパターンです。前期比などの比率でなく視覚的に増減を捉えたい場合に利用するといいでしょう。

４番目はこれに「営業利益率」等の折れ線を加えたパターンです。

そして５番目は４番目に「前期比」や「予算比」を加えたパターンです。

積み上げグラフの２つのパターンと円グラフの１つのパターン

６番目からは積み上げ棒グラフのパターンです。例えば売上を１つの切り口でなく、「製品別や事業部別」で見たい場合などありますよね。また、一般管理費を「接待交際費、賃料、修理費、人件費」と分類しないと無駄使いへの対応ができません。このようなケースは積み上げグラフを利用してみてください。これに加えて前期比などを見たい場合には７番目のパターンとして折れ線の「前期比」や「予算比」を加えます。

８番目は円グラフを利用するパターンです。あなたの会社の「得意先別の内訳」の比率が重要な影響を及ぼす場合にはこの円グラフを利用すると効果的です。例えば、特定の顧客に依存しすぎてないか？　利益率が著しく低いお客様の割合が大きすぎないか？　ということを会社内で共有しやすくなります。

貸借対照表をグラフ化する方法

上記で述べた方法は、主に売上や営業利益などの損益計算書に関わる情報でした。しかし、ここまでお読みになっているあなたであれば貸借対照表の重要性を理解しているはずですよね。これも当然ビジュアライゼーションして経営に利用する必要性があります。3つの箱をグラフ化するのです。

その具体的な方法を（図表54）でお伝えします。

- 流動・固定資産、流動・固定負債、純資産の金額をエクセルの列を分けて集計する。
- グラフ（積み上げ縦棒）を挿入。
- 「データ系列の書式設定」を選ぶ。
- 「要素の間隔」を0%にする。

〔図表54　貸借対照表のグラフ化〕

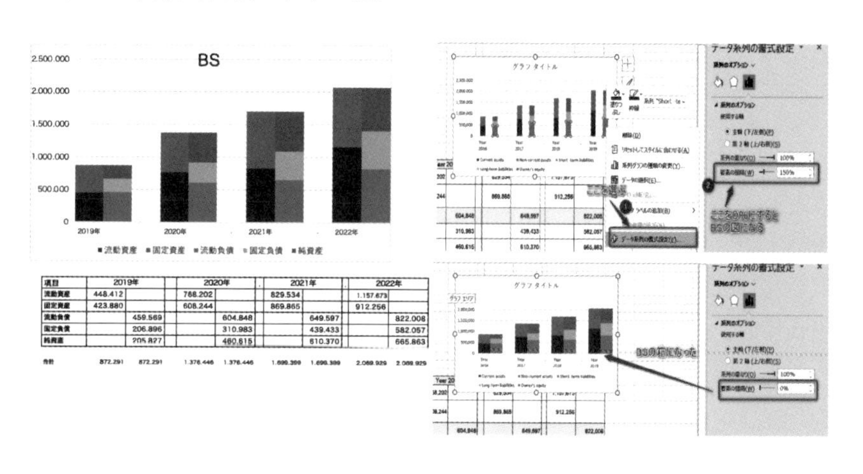

項目	2019年		2020年		2021年		2022年	
流動資産	448.412		768.202		829.534		1.157.673	
固定資産	423.880		608.244		869.865		912.256	
流動負債		459.569		604.848		649.597		822.008
固定負債		206.896		310.983		439.433		582.057
純資産		205.827		460.615		610.370		665.863
合計	872.291	872.291	1.376.446	1.376.446	1.699.399	1.699.399	2.069.929	2.069.929

この作業により貸借対照表の図が出来上がります。この後に流動や固定の順番を入れ替えるなど体裁を整えれば完成です。これを経営会議の資料に利用することで参加者すべての理解を手助けすることができます。

例えば債務超過の企業であれば、それが一目瞭然となりますので危機感をメンバーみんなで共有しやすくなるでしょう。このことから肝心な行動が起こしやすくなります。

このように整理すると見える化に有用なグラフ化には９つのパターンがあります。やみくもにあなたのスタッフに「グラフ化しておいてとね」指示を出しても結果ははっきり言って出ません。まずはこのパターンに当てはめて必要な経営情報のグラフ化を依頼してみてください。

6　決算書に誤りが生じる５つの要因

なぜ、ミスが繰り返されるのか

続いて決算書に間違いが生じる５つのケースについてお伝えします。長年海外で会計に関する業務に携わっていると数多くのミスに遭遇します。ベトナムでも、もちろんミスが発生します。

このとき、大きな問題だと感じるのはベトナム人スタッフに確認したときに「ミスがありました。次回からもっと注意深く確認します」と抽象的な報告されるのみであることです。ただ残念ながらこのような場合は将来的にも同じようなミスを繰り返してしまいます。

なぜ、ミスが繰り返されるのか？　それはミスの正体を深く分析してないからです。なんとなーく対応しているから同じミスが繰り返し生じてしまうのですね。ベトナムで社長されているあなたならこの状況を理解できるはずです。転職が多く業務が属人化されてしまっている傾向が強いことから、会計の分野に限らず同じようなミスが繰り返し起きてしまう状況が多く発生するからです。

せっかく教育し立派になったベトナム人スタッフが退職したとたん組織のレベルが下がってしまうことがよくあります。

繰り返しミスが起きてしまうと決算書から会社の実態を読み取ることがで

きません。それでは経営に利用できません。それではどのように回避すればいいのでしょう？　それは下記のミスを５つパターンに整理して認識することです。有名な孫子の教訓「敵を知り、己を知れば、百戦して殆（あや）うからず」とあるようにまずは敵（ミスが生じる要因）をしっかりと把握する必要があります。

⑴　勘定科目の入り繰り

⑵　金額の誤り

⑶　抜け漏れ

⑷　重複

⑸　期間のズレ

あなたの会社の経理スタッフさんが「社長、申し訳ありません。決算書に間違えがありました」と言ってきたら、ほぼこの５つのパターンにあてはまります。それぞれ会計業務に関する５つのミスを解説していきます。

一番発生が多い勘定科目のミス

まずは「勘定科目の入り繰り」です。これは要するに正しい勘定科目を継続して利用していないというミスです。私の長い海外子会社管理の経験から言って、このミスの発生がダントツ一位です。例えば、月次推移表で費用項目を分析し増減についてベトナム人スタッフに質問してみると「今月と先月で勘定科目が違っていました」という回答が結構あります。えっ！　と思われるかもしれませんね。でもこれがリアルなのです。

加えて転職が多いため新しい担当者が旧担当者の利用していた勘定科目と異なった科目を利用してしまうことがあります。つまり、一貫性や継続性がありません。一貫性だけでなくそもそもあるべき勘定科目を選んでない場合もよくあります。

社長であるあなたが想定している勘定科目と経理スタッフが選んだ勘定科目が異なることがよく発生します。

主な理由として「税務脳」や「ビジネスの理解への意識の低さ」が挙げられるでしょう。第２章の【第５の落とし穴】でもお伝えしましたが、多くのベトナム人の経理人材は税務的な視点に偏っています。外資系企業の税務リスクが高いという背景が要因であり、それ自体は悪いことではありません。

しかし、本書の目的である決算書から実態を読み取り経営をよくしていこうといった点からすると、この思考は邪魔になります。接待交際費であろうが修理費であろうが、それは費用であり税務的には影響はないでしょ、という思考に陥りがちです。これには私も長年苦労しています。

「ビジネスへの理解の意識の低さ」という問題点も悩ましいです。書類に基づいて入力処理するのが経理担当者の仕事と理解している人が多くいます。弊社のスタッフとのミスに関するコミュニケーションを通じてもこのことを強く感じます。

原材料を固定資産として入力したり、家賃の前払いを立替金として処理したりという信じられないミスが発生しますが、本質的な要因は会社の「ビジネスをそもそも理解していない」という点です。

金額の間違い

続いて「金額の誤り」です。仕入先からの請求書をエビデンスとして会計ソフトに入力するときに金額を間違ってしまう場合です。金額の８と６が逆としてしまうケースや金額の桁を間違ってしまう場合です。ベトナム人にとってもベトナムドンの金額の桁は多いので、このミスが発生する可能性が生じてしまいます。

またベトナム人と日本人のコミュニケーションの難しさという点も考慮する必要があるでしょう。同じ国の日本人同士であれば絶対に生じないようなミスも海外、ベトナムでは発生する可能性が低くありません。

例えば 3,300,000 と伝えたのに 3,000,000 の請求書を作成してこれに基づいて帳簿記入してしまうケースもあります。

漏れと重複

３つ目の「漏れ」は、実際に取引が発生しているのに帳簿に記帳するのを忘れてしまう場合です。経理に限らずベトナムで生活しているとこの「漏れ」はとにかく多く発生します。レストランでの注文漏れ（なかなかオーダーした食事が来ないと思ったらそれは漏れですね）など。

４つ目の「重複」とは１つの取引に関して２度以上入力してしまうミスのことです。例えば 10 月のタクシー代を２度入力してしまう場合です。

期間のズレ

最後の５つ目は少し高度な内容です。「期間のズレ」です。具体例で理解したほうがスーッと頭に入ってくるのでベトナムでの事例を紹介します。

例えば家賃などの前払費用の償却期間を間違えて（過去と整合性がない場合も含む）しまう場合や固定資産の償却開始時期を間違えてしまうケースです。具体的にいうと７月から償却を開始すべきなのに８月から償却を開始してしまったような場合です。

加えて、出荷して売上を計上しているのに在庫を売上原価として計上していないケースも「期間のズレ」に当てはまる誤りです。

「償却」という会計の専門用語を使ってしまいましたが、要するに「第３章　会計の仕組みを理解する」でお伝えした商品が売上原価になると同じ理屈です。資産としての価値が減ったときに損益計算書の費用項目に移動する取引のことを「償却」と表現します。

7　決算書の誤りを防止・発見する７つの方法、２つの視点と組み合わせる

どのようにミスを防止すればよいか

では、どのようにミスを防止すればいいのでしょうか？　その７つの方法（図表 55）をお伝えします。

あなたが実際に以下の手続をすることはありませんが、会計上のミスが起きたときに経理担当者に対して確認する際にこのポイントが必ずお役に立てるはずです。

これから解説する７つの方法は、私が監査法人時代に実際に学び実践的な方法に厳選していますし、インド時代の財務責任者時代にもよく利用した実践的な方法です。ベトナム時代の現在でも、チームに対してこの方法を利用してその有効性を感じています。

〔図表 55　ミスを防止する７つの方法〕

チェック体制	事前？事後？	勘定科目の正確性	金額の間違え	抜け漏れ	重複	期間のズレ
銀行の現預金の残高と会計帳簿確認	事後	-	◎	○	◎	-
ダブルチェックを実施する	事後	○	○	○	○	○
あらかじめ生じる取引をリスト化してチェックする	事前	-	-	○	-	-
仕訳を標準化し、ルールブックを作る	事前	◎	-	-	-	○
入力済みとわかるようにする	事前	-	-	-	○	-
取引先との残高を照合確認する	事後	-	○	○	○	○
財務分析を実施する	事後	○	○	○	○	○

⑴　銀行の預金残高と帳簿の預金残高を照合する
⑵　ダブルチェックを徹底する
⑶　あらかじめ生じる取引をリストアップしてチェックする
⑷　仕訳を標準化し、ルールブックをつくる
⑸　入力済みとわかるようにする
⑹　取引先との残高照合する
⑺　財務分析を実施する

これにミスを防ぐ方法として大きな枠組みの「事前」か「事後」を加えます。事前的に防止できる体制なのか？　事後的に発見する体制なのか？　です。それぞれ詳しく解説していきます。

❶銀行の預金残高と預金残高を照合する

このチェック体制はものすごく大事です。絶対に実施しなければいけません。基本的な手続だし当然やってるよ、と思われるかもしれませんが、実際にはやってない企業を見かけることがあります。

これは銀行から取引明細書を入手し、その残高と会計帳簿を照合する手続のことを言います。もし、これが照合できなければそれはなんらかのミスが発生しています。

例えば実際に支払手続をしたのにも関わらず、記帳していなければ両者に差異が生じます。これにより「抜け漏れ」が防止できます。逆に一度の支払いに対して二度記帳してしまった場合も両者に差異が発生します。この場合

は「重複」が防止できます。金額を誤ってしまった場合も差異が出るので「金額の誤り」を事後的に発見することが可能です。

❷ダブルチェックを徹底する

これは会計帳簿に入力した人とは別な人が入力をチェックするといった体制です。要は１人まかせにしないと言うことです。人間が作業する限りどうしてもヒューマンエラーのリスクはゼロにできません。

これまでのベトナム人スタッフの傾向を見ると、もちろん人によって異なるのですが、ケアレスミスの頻度は高いように感じます。なお、このダブルチェックはミスを発見するだけでなく不正防止にも有用です。

❸あらかじめ生じる取引をリスト化してチェックする

あなたの企業の活動を思い浮かべてみてください。オフィスの賃料を払う。毎月乗っているレンタカーを払う。GRAB料金を払う。給与・社会保険料を払う。原材料を購入する。ほとんどが毎月発生している取引です。そうであれば、このような購買取引を仕入先の名前を含めリスト化し、会計帳簿に入力するときのチェックリスト化すればいいのです。これを月次決算に利用することにより「抜け漏れ」が防止できます。

❹仕訳を標準化してルールブックをつくる。

日々生じる取引。会社のビジネスによっては月に1,000以上の取引が発生しています。一見、複雑なように見えると思います。しかしながら、抽象化してパターン化すると20から30のパターンの取引で取引全体の80％以上をカバーします。有名なパレートの法則（80対20の法則）が仕訳にも当てはまります。例えば、銀行支払いをする、原材料を購入する、給与が発生する、社会保険を納付する、商品を出荷する、などのレベルの取引リストとそれに対応する仕訳のルール（勘定科目も含めて）をあらかじめ作成してこれに基づいて帳簿に記入してもらうのです。

既に解説したように消耗品や旅費、接待交際費、会議費などの販売費及び一般管理費の「勘定科目の入り繰り」が最も多いミスですので、このように標準化することがとても有用です。償却期間などのルールも同時に記載しておけば「期間のズレ」のミスも防止できます。

また第５章でお伝えした前払費用、棚卸資産及び固定資産の判定フローチャートも含めることで勘定科目の選択ミスを防止できます。この標準化によってダブルチェックする人の負担も軽減されます。

❺入力済みとわかるようにする

「重複」入力等ミスを防止するために入力済みとわかるようにするというチェックが大切です。例えばインボイスに何かメモすることで入力済みだとわかるためこのミスを事前に防止することが可能となるでしょう。

❻取引先との残高を照合確認する

取引をする場合には必ず相手がいます。売り手と買い手です。そして当たり前かもしれませんが、両者の金額は一致していなければいけません。あなたが売り手であれば、あなたの会社の売上と相手の買い手の金額は一致しています。もし一致していなければどちらかが間違っているということになります。したがって、取引先との残高と照合確認することによってミスを事後的に発見することが可能となります。

実務的には取引先に毎月確認することは難しいので、親会社との債権債務のみを確認することがあります。

❼財務分析を実施する

最後は財務分析です。この方法はかなり効果的ですので是非実施してください。ただ、この書籍では財務分析について詳細に説明はしません。しかしながら、一番簡単で効果的な分析によって誤りを発見できるのでこの方法だけ解説します。それは月次推移表をつくって比較するだけの方法です。

この章の【ポイント４】比較しよう！　でも解説した過去の数値と比較することで誤りを発見することも可能です。加えてこの分析を適時に実施することで横領などの不正も防止できるので重要性はかなり高いと言っていいでしょう。なぜ発見できるか？　それは不正が起きると決算書の数値に現れるからです。実際ベトナムでも架空発注、原材料やスクラップ盗難などの不正は財務分析で発見されることが多いです。

8　取引のタイプにより記帳する難易度は異なる

ここからは少し難易度が上がり細かいお話です。取引の種類によって会計ソフトへの入力業務の難易度が異なるため、それを整理して解説していきます。入力の難易度の解説であることから、ここについては読み飛ばしてもらっても構いません。というのは、ここを飛ばしてもらっても本書の目的を達成することができるからです。

しかしながら、ここでの内容を知っておくことでミスが発生しやすい取引を事前に理解することができます。事前に理解しておけば、ミスを防止する時に有用です。それに加えて、RPA（ロボティック・プロセス・オートメーション）など自動化すべき取引について整理することもできます。例えば、日本では、銀行の取引と会計ソフトを連携させることにより、銀行のお金の動きと会計ソフトの仕訳がリンクします。もし入金があれば過去の取引仕訳の記録に応じて、仮の勘定科目で自動仕訳が発生します。

取引の難易度を整理しておくことによって、テクノロジーがさらに発展するであろう将来に備えておくことが可能となるはずです。

これから解説する四象限マップでの整理は、弊社マナボックスベトナムのメンバーに私が解説した内容でもあります。ベトナムは、高度経済成長中ではありますが、人件費がまだまだ安いことから、まだまだ問題をマンパワーで解決しようといった風潮があります。

しかし、そのような考えではいけないのは自明です。標準化可能で効率性を向上できる余地のある取引を明確にし、専門的な知識を駆使するべきエリアはどこなのか？　を理解してもらうために四象限マップで解説しました。その結果、標準化や生産性の向上の意識は高まったと思います。

四象限マップで取引の難易度を評価する

取引と難易度は、図表 56 の視点で分類することができます。

〔図表 56　取引の難易度の評価マップ〕

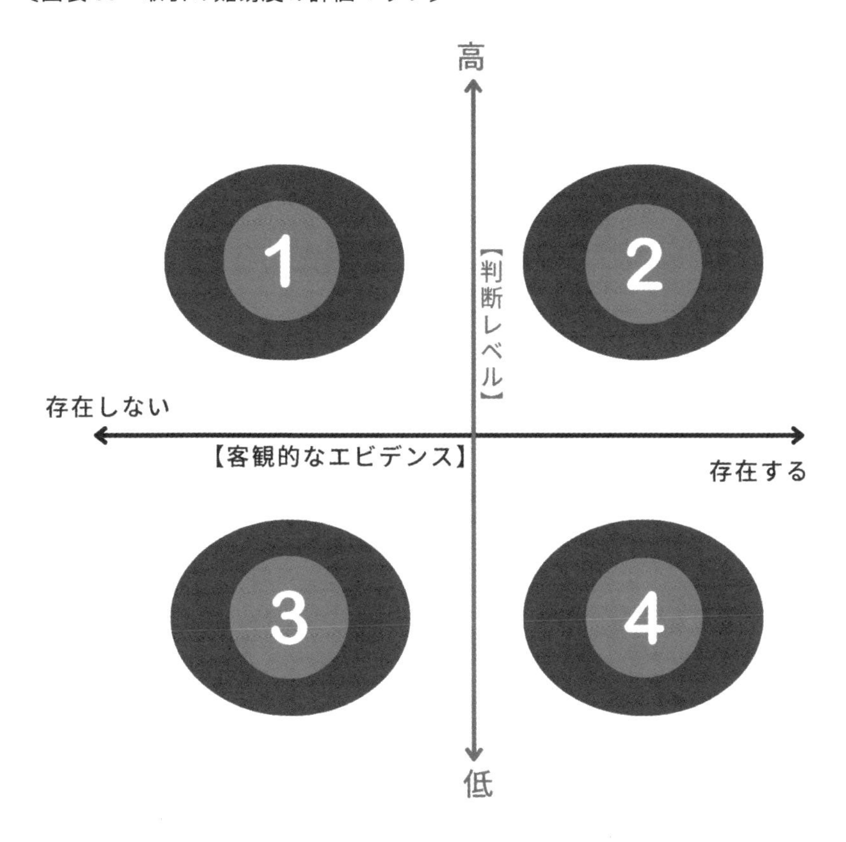

・横：客観的なエビデンス（法的な書類）があるか？　どうか？
・縦：高度な判断が要求されるか？
です。エビデンスの例として第３者が発行するインボイスや取引先との契約書を思い浮かべてください。

客観的なエビデンスありで、高度な判断が必要ない「４のグループ」

まず右下の４のところです。例えばモノを購入した、サービスを販売した、銀行で支払いをした、お客様と会食した、などです。これはインボイスの情報に基づいて帳簿に入力するので、特に高度な判断が必要のない取引と言えます。支払取引も銀行取引明細が存在することから、このグループに該当します。

ただし既に述べたように勘定科目の使い方の誤りには注意が必要です。繰り返し発生する取引であるためテクノロジーを利用して自動化することを考える必要があるかもしれません。

客観的なエビデンスなしで、高度な判断が必要ない「３のグループ」

左下のグループです。これは客観的なエビデンス（インボイスというイメージ）が存在しなく、高度な判断が必要ではない場合です。従業員の給与・社会保険が該当します。

人件費の場合は労働契約書等の基礎情報をもとに、勤怠情報をまとめ、給与を計算します。そのため４のグループよりは少し手間がかかりますが、高度な判断が必要とまでは言えません。

客観的なエビデンスありで、高度な判断が必要あり「２のグループ」

右上のグループです。インボイスなどの客観的なエビデンスはあるものの判断が必要な場合です。具体的には固定資産の償却年数の決定の判断が必要な場合です。本来、償却年数の判断にはビジネスの理解が求められます。前払費用か？　棚卸資産か？　費用にしていいか？　などの判断が必要な場合もここに該当するでしょう。非常に高度な判断が必要とまでは言えないかもしれませんが、専門的な知識が必要であることには変わりはありません。

客観的なエビデンスなしで、高度な判断が必要あり「１のグループ」

左上のグループです。これは具体的に言うと税効果会計（これは知らなくていいです）、資産の評価、資産除去債務などがあります。高度な見積もり、要するに予想が必要なので、判断する人によって結果が異なるケースもあります。そのため公認会計士のような専門家が必要な領域だといえます。

典型的な取引をマトリックスにマッピングすると、図表 57 のようになります。

このように四象限マップに典型的な取引をマッピングすると、日系企業の

〔図表 57　典型的な取引のマッピング〕

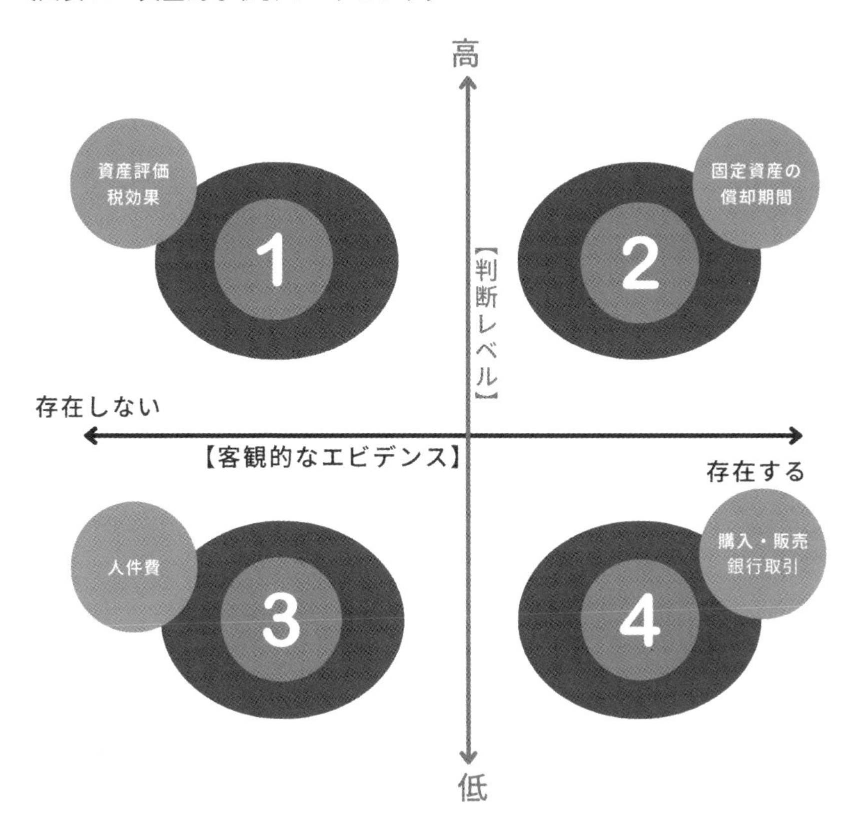

ほとんどで頻度が高く数多く発生する取引は右下の４のグループに含まれます。もう少し具体的に言うと、モノを買って、そして売る活動がほとんどです。こう言い換えるとあたり前だと感じませんか？　そして、これにお金の流れが絡んでくるだけです。売掛金の入金や買掛金、未払金の支払いです。

上記のタイプの取引を決算書の５つの箱のどこに該当するか？　という視点でもパターン化して整理することが可能です。

例えば、モノを買うであれば、資産が増え、負債が増えるか、費用が増え、負債が増えるパターンです。金額が大きく継続的に利用できそうなモノであれば前者で、金額が小さく、例えば、交際費などの発生したときに消費される取引は後者です。売る活動であれば、売掛金という資産が増え、売上という収益が増えるパターンです。お金の場合は、負債が減ってお金が減る動きと売掛金が減って、お金が増える動きのパターンに集約されます。

第６章のまとめ

・貸借対照表を眺めるポイントは金持ち父さん貧乏父さんのようにお金が入ってくるか？　出て行くか？　という視点で確認する。
・お金になるか？　出て行くか？　は直接的と間接的な資産及び負債がある。
・見えない資産と負債にも注意する。
・得に現代では見えない資産を強く意識して経営することが海外でも重要である。
・八方よしのような社会とのつながりを意識しながら損益計算書を見ると深い理解ができるし記憶にも残りやすい。
・点（ストック）と線（フロー）で決算書を理解する。貸借対照表は点で損益計算書は線。
・「T 字勘定」もかなり有用だからしっかり理解しよう。
・過去、予算及び同業他社と比較する。比較することで経営の成果がいろいろと見えてくる。
・数値の羅列だと決算書から経営の実態が読み取りにくくなるので、決算書を図解で見える化しよう。
・９つのパターンに当てはめてグラフ化すると効果的で効率的。
・決算書に誤りが生じる要因は①入り繰り②金額の誤り③漏れ④重複⑤ズレの５つ。
・７つの策で事前と事後で会計に関するミスを防止し、発見する。銀行の残高と決算書の残高を照合。ダブルチェックの徹底。取引をリスト化してチェックリスト化。仕訳を標準化する。入力済みとわかるようにする。取引先との残高照合。財務分析を実施する。

第７章
経営に使える会計知識を血肉化するための４つの方法

これまで「会計の必要性」と「会計の構造と読み解く方法」についてお伝えしてきました。ですが、これだけでは不十分です。なぜならば、この書籍の目的は「会計思考を通じて、経営の現実を変える。あなたの人生を変える」ことだからです。実際に「使える」までの知識にしないと意味がありません。一朝一夕にはいかないものです。

この章では、会計知識をあなたの血肉にして実務で使えるようにするための学習方法についてお伝えします。勉強と聞くと拒否反応を起こしてしまうかもしれないですね。ですが、本章でお伝えする方法はあなたが既に持っている「強み」や「楽しさ」に着目しているため、学生時代のつまらなかった無味乾燥な勉強とは異なります。是非、楽しみながら学んでいきましょう。

1　知識は、必要に応じてアウトプットできるようにならないと意味がない

インプットそのものをアウトプットできるようになる

私はこれまで会計分野におそらく15,000時間以上の投資（学習）しています。今現在も会計に関する業務に関わっているため今でも学習しています。そのため、呼吸をするように会計知識をアウトプットすることができますし、経営への使い方も論理的には理解しています。

なので、会計の専門家でない海外子会社の社長である、あなたの気持ちを本当の意味では理解できていないと思われても仕方がありません。「おまえは専門家だからなっ」と思われてもしょうがないと思います。

そこで、私のこんな経験を共有させていただきますね。2021年１月くらいから、私はベトナム語を勉強しています。というのは、ベトナム人スタッフと現地語でコミュニケーションしたほうが仕事が楽しそうだなと感じたからです。

そこで、ほんのり辛い体験をすることになります。それは「覚えたことはすぐに忘れていく」という現実です。個人的に教わっているベトナム語の先生には、たまに「なんで忘れるの？」「なんでわかんないの？」（はーっとため息）と言われ、ちょっぴり悲しい思いもしていました。そんな態度をしな

くてもいいのに…（涙）。ベトナム語の先生に悪気はないと思いますが、やっぱりちょっとつらいです。

でも、そこで「はっ！」としたんですよね。

インプットし学んだけれど私からアウトプットできない。これは、本当の知識になっていないんだ！　と。ただ、学んだことを忘れるというのは当たり前です。なぜならばエビングハウスの忘却曲線というのがあり、忘れるというのは人間として当然のことです。適切なタイミングで、復習を繰り返す必要があります。やっぱり、繰り返さないと知識は身につきません！

きちんとインプットしたものをあなた自身からアウトプットできるようになることが大事です。そうしないと、知識を使ってあなたの会社の経営の現実を変える、そしてあなたの人生を変えることはできないからです。ちょっと大変って思うかもですが人生が好転するかも思えば楽しめるはずですよ。

2　経営のための会計勉強の２つの視点のモチベーションアップ法

おすすめの方法は

会計を勉強をする。と言ってもあなたにとってはなかなか腰が重いことでしょう。というのは、第２章の【第３の落とし穴】でお伝えした通り、現地社長様は「忙しい」ですし、会計は初学者にとって専門的でわかりにくい知識だからです。だからこそ、継続的にモチベーションを上げることが必要になってきます。そのためのおすすめの方法をお伝えします。大きく下記の２つの方法です。

・物語の力を借りる（主語は私）。
・「自己超越目標」（主語は私以外のあなた）。

物語の力を借りよう

「物語」の力を借りることです。これは人間の本質に着目した方法だとも言えます。『サピエンス全史』（ユヴァル・ノア・ハラリ　柴田裕之訳、河出書房新社）という書籍をご存知でしょうか？　2015年にベストセラーとなった書籍です。私たち人類、ホモ・サピエンスが事実上進化の勝者となったのは、物語を語り合う力が原因なのです。物語を想像する力、語る能力があったからこそ、赤の他人と柔軟な形で協力することを可能とし、力を発揮することができました。物語の力によって教会や国家、法制度などを創立できたのです。

人間がライオンのように本当に存在するものにしか語ることができないのであれば、このような制度を創ることはできませんでした。

このような人間にしかない本来の力に頼らない手はないでしょう。物語があれば会計の勉強のやる気もグッと高まるはずです。では具体的にどんなことをすればいいのでしょう？

・憧れの人をイメージする。
・日本に帰国したときに、役員として昇格している。
・その結果年収が上がり、奥さんも喜んでくれる。
・経営会議できちんと発言できるようになりかっこいいビジネスパーソンになっている。
・会計もわかるグローバルで活躍するビジネスマンになる。

上記を物語としてあなたの頭に思い浮かべ、それに沿った行動をすると考えれば会計の勉強に対して意味を持たせることができやるぞ！　という気持ちが湧きあがるはずです。

例えば、会計を学ぶとき、憧れの「経営者」を思い描いてください。幸いにも第１章でお伝えした通り、会計を重視している素晴らしい著名な経営者はたくさんいます。著名すぎて畏れ多いと感じるかもしれません。しかし、思い切って頭に浮かべてみましょう。

小説家になりきって執筆した

私の例を紹介します。この書籍を書くときに小説家のヘミングウェイやスティーヴン・キングを思い浮かべながら作業するようになってからは、いわゆる「フロー」状態に入りやすくなりました。フロー状態とは、没頭して時間を忘れるくらい、完全に集中して対象に入り込んでいる精神的な状態のことです。

ヘミングウェイについては「ヘミングウェイ方式」という方法もあるくら

いです。これは、量と時間の視点の２つの視点で目標設定を立て、どちらかでも達成したら成功とする方法です。

例えば、私の場合、３時間はカフェでこの席で執筆する。または5,000文字を生み出す、という目標を立てモチベーションをキープしていました。効果は絶大でした。というのは絶対にこの目標を達成できるからです。例え目標文字数を達成できなくても時間が来たら強制終了だからです。

ヘミングウェイのことを想像しながら実施することで「私は執筆者だ」という魂も入ってきたような感覚がありました。

スティーヴン・キングは有名なホラー小説家です。『IT イット THE END“それ”が見えたら、終わり。』など映画化もされていますよね。スティーヴン・キングは執筆のときの手順と環境に細心の注意を配っていたようです。毎日９時から正午までなどの特定の時間は自分がどこでなにをしているか？　を伝えつづけ、こだわりの執筆環境のもと作業を続けていたようです。

スティーヴン・キングほどの天才作家が雑音を避ける方法で執筆しているなら凡人の私はなおさらSNSなどのノイズをシャットダウンしないといけないなと妄想しながら執筆していました。

一流の人を思い浮かべた場合の科学的な裏づけ

上記の方法は科学的にも裏づけがあり効果が検証されています。『ヤバい集中力　１日ブッ通しでアタマが冴えわたる神ライフハック』（鈴木裕著、SBクリエイティブ）で引用されていた大学の研究の結果によれば、一流の人を思い浮かべた被験者の成績は上がっていました。

また、新たな「肩書き」もそうです。やる気のない清掃員に「清掃の仕事は治療のプロセスである「病院のアンバサダー」という肩書きを与えたことによってスタッフのモチベーションは一変し、以前より清掃に集中して取り組んだそうです。

弊社でも、心理学では「ラベリング」と呼ばれており本人の意識を大きく変えるという手法です。本書の場合、日本での「取締役」や「グローバルビジネスマン」という「肩書き」によってモチベーションが上がることでしょう。

自分のためだけにずっと頑張れない。なぜ､「自己超越目標」がすごいのか？

また、第２章でもお伝えした「自己超越目標」を意識的に何度も繰り返し思い出すことがとても有用です。上記でお伝えした方法は「自分」が主語でした。これは言葉の通り、自分のための個人的な目標のことです。このような目標も極めて重要です。

しかし、これだけだとモチベーションをキープすることが困難です。特に年齢を重ねると自分のためだけに頑張るというのが難しくなるようです。そこで「この会計知識を学べば、他の人の役に立つかしれない」と考えてみてください。

例えば、

・会計知識を学び経営に活かすことで業績が改善し、その結果、社員を幸福にできる。
・会計を学ぶことによって、社員を不正という犯罪から守ることができるかもしれない。
・会社が存続し、世の中に貢献するためには、ビジネスの基本である会計を学ぶ必要がある。

などです。

アダム・グラント氏の研究の結果「自己超越目標」の効果のエビデンス

この「自己超越目標」の効果については､科学的なエビデンスもあります。

ペンシルベニア州立大学ウォールトン校の心理学者アダム・グラント氏の有名な研究を紹介させていただききます。グラント氏は2008年にあるコールセンターを対象に以下のような研究を行いました。アメリカにある一流大学のコールセンターのスタッフは毎晩、学校に寄付を募る電話を卒業生にかけていました。グラント氏は担当スタッフを無造作に３つのグループに分けて、全員の労働条件が一定になるように手はずを整えました。

この３つのグループでは勤務開始直前の５分の過ごし方を下記のように違いを与えました。

⑴　【個人利益グループ】元スタッフたちが、この仕事から役立つセールススキルを身につけた体験談を読む。

⑵　【目的グループ】同コールセンターで集めた奨学金を受給した卒業生が
　奨学金のおかげでどれだけ助かったかについての体験談を読む。
⑶　【対称群グループ】個人利益にも目的にも関係のない話を読む。

そして数週間後、グラント氏はスタッフの成績を調べたそうです。その結果、「個人利益グループ」と「対照群グループ」は架電件数も募金額も同じでした。しかし、「目的グループ」は目覚しい成果を出したそうです。なんと「週ごとの架電件数も募金額も」**倍以上**の数値を叩き出したのです。

このことから「自己超越目標」のその効果は期待できるといっていいでしょう。これは我々にも転用できるノウハウです。あなたのための会計の学びにも転用できます。

・世の中にもっと貢献できるのではないか？
・会計の勉強がどのように周りに役立つだろうか？

上記のことを意識的に考えてみましょう。きっとあなたのモチベーション向上に役立つはずです。

例えば、私の場合、この書籍を書くときも、この「自己超越目標」を利用しました。この書籍によって海外子会社の社長の会計力が向上し、すべての会社の経営が改善したら、いろんな会社の業績が改善する。その結果、日系企業とベトナム人の関係性がよりよくなるかもしれない。さらにベトナム経済や日本経済へいい影響があるかもしれない、など妄想しながらモチベーションを上げていました。

血肉化するためのポイントはアクティブラーニング！　思い出す。想起

私のベトナム語の勉強でのお話でもあるように、勉強（インプット）したのに思い出せない…。というのでは意味がありません。

知識を自分のものにするためには、自分から、何も見ない状態でアウトプットできる状態にまですることが必要です。そうでない場合、本当の知識とは言えず重要な行動に移せないからです。

「流暢性の罠」という心理があります。これは、テキストなどで勉強しているときに解答を見てすぐに理解できた問題を完全に頭に入ったものとして、これ以上は学ばなくても問題ないというバイアスのことです。

まさに、私のベトナム語の学習がこれに当てはまりました。先生とテキストと一緒に声をにあげながら読んだ直後は「わかった。理解した」という感覚になります。しかし、数日後に問題を解こうとすると、全く思い出せないという経験がありました。これは、まさに「流暢性の罠」です。

「もう理解した」というバイアスを防止するために受け身の学びを防止する必要があります。受け身でない学習法、これをアクティブラーニングと言います。これは、科学的にも証明されている方法ですので、あなたの会計スキル取得のためにも役立ちます。もう少しわかりやすくいうと、

「会社の現実・ストーリーを実際に見ながら、会計のエッセンスを思い出す。想起する」

これです。これを強く意識してみてください。繰り返しになりますが、あなたの強みは、会社のビジネスストーリーをよく知っている点です。このストーリーという武器をを最大限に生かし、あとは会計に結びつけるだけです。

この想起するという勉強方法の有効性は『脳科学が明かした！　結果が出る最強の勉強法～スタンフォード大学OHS校長が教える「超効果的 頭の使い方」（星友啓著、光文社）や『使える脳の鍛え方』（ピーター・ブラウン（著），ヘンリー・ローディガー（著），マーク・マクダニエル（著），依田 卓巳（翻訳）、NTT出版）でも引用されているように脳科学的にも裏づけされているようです。

ですので、この「思い出す、想起する」という点を強く意識して会計の知識をあなたの血肉化しましょう。

3　実践！　会計スキルをあなたの血肉にするおすすめの方法

図表58マップで確認の視点で、会計をあなたの血肉にする方法を２軸マップで整理します。

・横軸：インプット（教科書で勉強）、アウトプット（思い出す）

・縦軸：「数値」から「ストーリー」、「ストーリー」から「数値」

厳密に言えば、インプットのところでアウトプット（思い出す、想起する）という要素も入っていますが、机上での学びのニュアンスが強いという点で

インプットというカテゴリーに含めました。

〔図表 58　会計を血肉にする方法〕

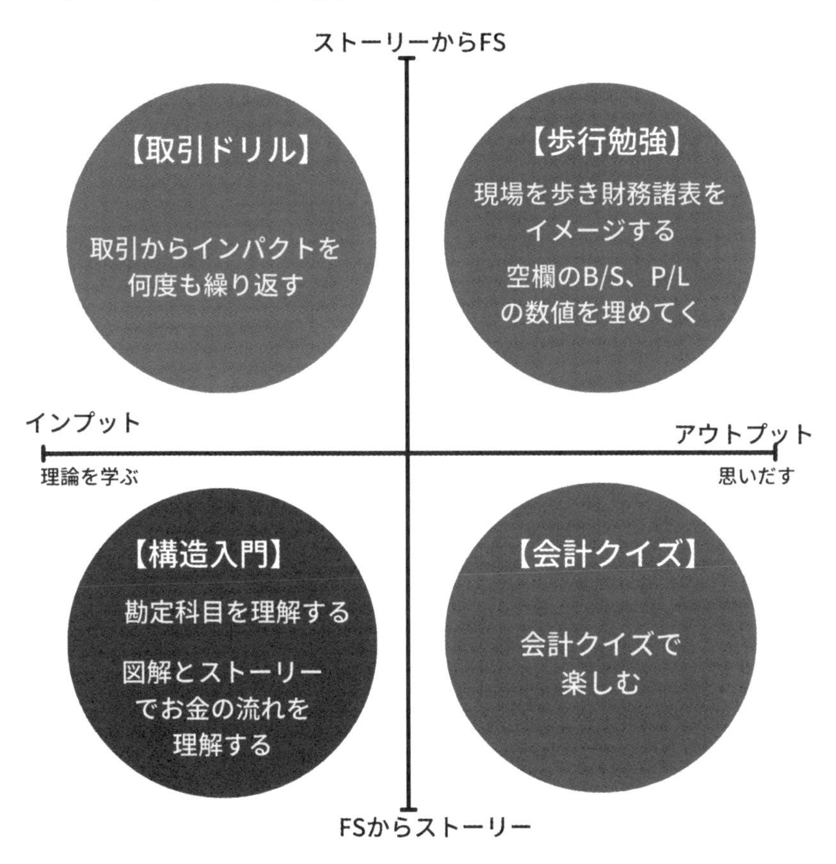

4　【構造入門①】インプットかつ「財務諸表」から「ストーリー」

会計の構造・仕組みをしっかりと理解する

まずは、会計の構造をしっかりと理解し記憶する段階です。こちら、具体的には既に３章で学んだストーリーと財務諸表へのインパクトや財務諸表のつながりです。

大丈夫ですよ。財務諸表は２つの視点と５つの箱しかありませんからね。この構造をしっかりと理解し脳に定着させることが、経営で使える会計スキルをあなたのものにするためのポイントです。以下で解説する他の学び（取引ドリル、歩行勉強、会計クイズ）の方法で、もし、迷ってしまう、わからなくなった場合にはこの【構造入門】に戻って確認してください（図表58)。

勘定科目の中身を理解していないと、会計の目的が達成できない

次に勘定科目をしっかり理解することです。第４章で勘定科目について解説しました。これは会社のストーリーを読み取るために必要な、最適に細分化された「見出し」のことでした。会計の要素である５つの箱をより細分化した科目のことです。

この勘定科目については、やや、専門用語も含まれており、わかりにくいかもしれません。これについては繰り返すことで慣れるしかありません。頑張っていきましょう！　このとき、勘定科目をより具体化した取引も思い描けるように意識することが大事です。ここでのポイントは「自分の言葉」に置きかえたほうがいいという点です。会計のルールで求められている勘定科目の専門用語で理解し記憶する必要なんてありません。自分なりの言葉で記憶する方法も有効でしょう。自分なりのタグ、ラベルをつくってください。

また、５章で解説させていただいたストーリーで理解する９つの販売管理費というグルーピングも有効ですので「あなた自身で個別で設定するのが面倒だな」と感じたら、この９つのグルーピングで分類すれば全く問題ありません。なぜなら、このグルーピングは、ほぼすべての会社で発生している取引を網羅的に含んでいるからです。どのような方法でも構いませんが、必ず勘定科目のカンペを準備しましょう。

5　【取引ドリル②】インプットかつ「ストーリー」から「財務諸表」

「取引リスト」を作成し、打ち出して単語帳・パズルのように使う

あなたがこれまで学んだ会計知識を繰り返し、脳味噌に焼き付けるフェー

ズです。
血肉化するためにはどうしても繰り返すことが必要になります。
『IGPI流 経営分析のリアル・ノウハウ』(冨山和彦(著)、経営共創基盤(著)、PHP研究所) という書籍で、著者の冨山和彦氏の言葉が印象的でした。その言葉は次の通りです。
「ビジネススクールで機械的にひたすら仕訳をして、それからP/L、B/Sに持っていくような地味なトレーニングをやらされて、当時は大学院まで来てなんでこんなことをしなければいけないんだと思ったけれども、今振り返ってみればやってよかったと心底思う。簿記は必ずやっておくべき」
やはり、ひたすら繰り返すというフェーズがどうしても必要なのです。負荷をかけないと成長が期待できません。

やっぱり簿記は必要ない

ただ、ここで簿記? と感じた人もいるでしょう? なぜなら、私は第1章で社長様のための会計に「簿記」は必要ないと申し上げたからです。確かに私は「簿記」の技術は必要ありませんと言いましたが、取引と決算書のつながりを理解する必要があります。なぜならば、それが会計力だからです。
そのため、「この取引が起きたら決算書にインパクトする」という部分は理解する必要があるのです。つまり冨山氏の「ひたすら仕訳」の部分が該当します。ただし、貸方・借方、振替、決算整理仕訳などの専門的な用語や面倒な集計業務などは必要ないので、やっぱりいわゆる簿記は必要ないと思ってください。簿記に関する書籍をわざわざ購入する必要はありません。取引生じたら決算書の5つの箱のここにインパクトする! というのを繰り返しやるというだけです。
実は私、2020年に簿記の3級の試験を受講しました。というのは、日本語を話せるベトナム人の人に簿記に挑戦してもらおうというプロジェクトに関わっていたからです。その際感じたのは「集計業務」がかなり面倒で、これは意味ないなという点です。取引の各項目を足し算して残高や合計を電卓で計算する。これを実施しているとき、自問自答(これは意味あるのだろうか?) して心が折れそうになったのを覚えています。この「集計業務」は、今や人間の業務ではありません。その業務に社長様が関わるべきではないのです。もちろん経理担当者にとって「簿記」が必要であることは否定しませんよ。

では具体的な取引ドリルの方法をお伝えします。

日々の取引をリストアップし「取引リスト」を作成します。これを見ながら財務諸表の５つのどこに箱に入るのか？　プラスかマイナスの影響なのか？　を考え、アウトプットするのです。これは一般的な取引でもいいですし、あなたの会社のビジネスの取引でも大丈夫です。

例えば、

・親会社から借入をした。
・親会社が子会社に出資した。
・商品を現金で購入した。
・原材料を購入したが、まだ未払いである。
・スタッフの給与が発生した。
・文房具を買った。
・ホーチミン、ダナンに出張に行った。
・広告宣伝費を支払った。
・日本から設備を購入した。
・原材料を現場に払い出した。

この取引が生じたとしたら財務諸表のどこの箱に？　そしてできればどこの「勘定科目」（例えば交際費、原材料費など）にインパクトするのか？の判断をなるべく早くできるようになる必要があります。この練習を繰り返し行うことによって、逆の流れである財務諸表からあなたの会社の実態・ストーリーを読み取るスキルの向上にもつながるからです。

この取引リスト利用して、会社へ行く途中の車の中で見ながら、５つの財務諸表の箱のどこかに埋まるのか？　を思い出す訓練をしましょう。例えば、上記の例で登場した文房具を買ったのであれば、消耗品費という「費用」が増えて、お金という「資産」が減るんだな、というのを、５つの財務諸表ボックスを紙面に打ち出して当てはめて思い出す、または書き込んだりポストイットは貼ったりというトレーニングを繰り返し行います。

これが思い浮かばなかったらまた【構造入門】に戻って確認・復習しましょう。英語の単語の勉強の記憶もそうですよね。単語帳の表に問いが書いてあり裏に答えがあり、それを思い出すように勉強することで記憶されます。あなたが取引を見たときに５つのボックス当てはめることができれば、それは、会計スキルのレベルが向上している証拠です。楽しみながら自信を持ちましょう！

マナホックでの社長様との取引ドリルの事例

ここで私が実際に「マナホック」というプロジェクトでベトナムの社長様に対してこの方法でお伝えしている事例を紹介します。

マナホックの語源は「学び」とベトナムの「勉強（học）」の組み合わせです。ベトナムに関わるビジネスパーソンに対して、学びを通じてビジネスの成長を支援するというプロジェクトです。このプロジェクトは社長に必要なベトナム会計・税務知識を中心としていますが、それだけに留まらずビジネスパーソンに必要な知識を一緒に学ぶという目的も含んでいます。

『21 Lessons: 21 世紀の人類のための 21 の思考』（ユヴァル・ノア・ハラリ，柴田裕之訳、河出書房新社）によれば、これからの時代は絶えず学習して自己改造する能力が必要だそうです。なぜならば世の中の変化のペースがとても速く、一方で人間の寿命は長くなっているからです。このような時代背景の中では年齢を重ねて 40 代・50 代・60 代になったとしてもずっと学ぶ必要があります。ベトナムで活躍する現地社長様も当然、例外ではありません。

ただ、どうしても年齢を重ねてしまうと変化を嫌う傾向にあります。これは脳科学的にも証明されています。しかし前述した通りそれでは世の中についていけなくなるし、結果的に私たちが不幸になってしまうのでコミュニティーのみんなで励ましあっていこうという趣旨でこのプロジェクトを立ち上げました。

取引は「借入金を返済した」です（図表 59）。この３つの図解から正解を選ぶという問題です。

〔図表59　取引：借入金を返済した〕

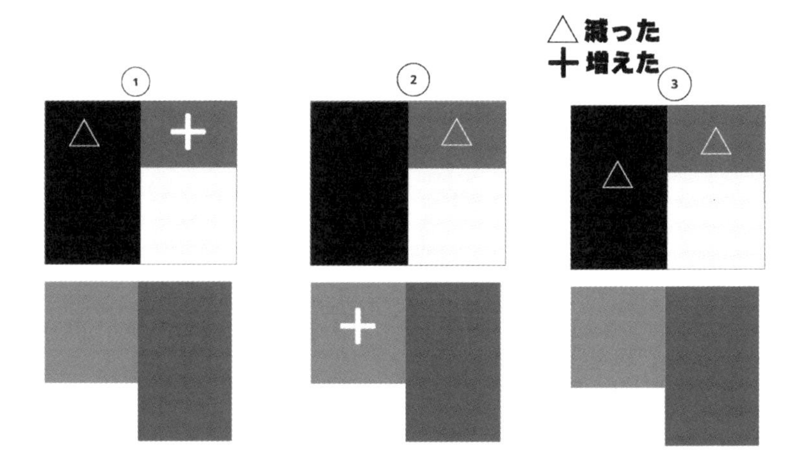

①から③のうちどれでしょう？

△は減った。で＋は増えた。です。例えば負債の箱の△であれば「負債が減った」となります。少しだけ考えてみてください。

正解は③ですね（図表60）。正しく解答できましたか？　借入金の返済なので借入金という「負債」が減ることになります。「負債」が減るので貸借対照表の右上の負債の箱が△となります。一方で返済するときにはお金が会社から出てきますのでお金という「資産」が減ります。「資産」が減るの貸借対照表の資産の箱を△とします。

海外子会社の社長様から時々こう言われることがあります。それは「借入金の返済をすると今期の利益が減ってしまうので返済の期限を変えたい」です。しかし、このクイズの答えからわかるように借入金の元本返済自体は損益計算書に影響を及ぼしませんよね。お金が減ることから、利益も減ると考えてしまう気持ちもわからなくはないですが、会計的な思考をきちんと理解していれば費用ではないことはすぐに理解できるはずです。

これ以外でも、配当金をすると利益が減るとか多額な設備投資をしたことからその期の利益が大きく減少したと勘違いしているケースがあります。

〔図表 60　取引：借入金を返済した〕

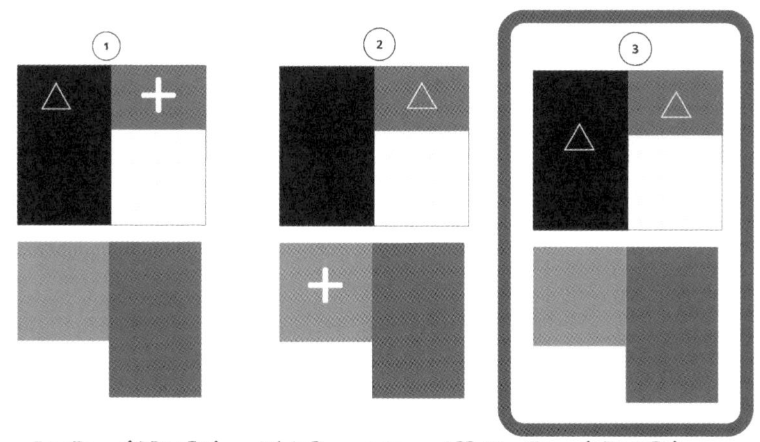

このようにドリルを通じて社長様がアウトプットに挑戦してみると、学んでからすぐは正しく解答できないことがよくあります。けれども、心配することはありません。4つの勉強法の左下の【構造入門】に戻って復習することで理解を深めればほとんどのケースは正答できるようになります。自分の脳みそで考え間違えることで記憶がしやすくなるという研究結果もあります。間違えを恐れずどんどん解いていきましょう。

会計の勉強が嫌にならないコツはゲーミフィケーション

とは言っても、会計は専門的な知識でありどうしても用語がわかりにくいです。そうすると、どうしても学ぶことが嫌になってしまうとか、モチベーションが上がらないとか、そんなことに直面することがあるでしょう。このとき、ゲーミフィケーションなどの要素を入れ込むことも有用です。

ゲーミフィケーションとは、ゲーム以外の分野にゲームのメカニズムを応用することです。ゲームの「楽しい」「はまる」という要素を利用して、モチベーションなどを高める仕組みのことです。要するに仕事をゲーム化してしまうことですね。

あなたも子供の頃、ドラゴンクエストやファイナルファンタジー、ストリートファイターなどのゲームにハマったのではないでしょうか？　様々な方法があるのですが、いくつかオススメを紹介致します。

・進展フィードバック
・タイムプレッシャー

人のモチベーションが上がる、継続できるのは「前に進んでいる感覚」があるときのようです。目標達成のためにどこまで進んだのか？　を把握する仕組みをつくってみましょう。ゲームの場合、戦ったりするだけで経験値がもらえレベルが上がります。

そのため会計の勉強もなにか資格を取るとかを最終目標にするのではなく、週に３回30分勉強するとか、最低５問は解くなどにすることで進んだ感じが得られるはずです。

これらを手帳やグーグルカレンダーに書き込んで記録すれば進展が見える化され、より効果的です。そして達成したときにご褒美ももらえるというルールにしておくともっと楽しくなるようです。脳科学的にも証明されているようなので信頼性がありますよね。

私の場合、なにか目標を達成したらネットフリックスで好きなアニメを見れるとかハノイの韓国人街のマッサージに行けるとかそういうご褒美を設定しています。

もう１つはタイムプレッシャーです。第２章の【第３の落とし穴】でお伝えした通り、普段、やることが多すぎるというのがベトナム社長の悩みの１つでした。そのため多くの時間を割くことはできません。そのため限られた時間の中で、例えば30分の間に10問解答してみるというタイムアタック方式を利用してみてください。時間に追われる感覚でなく時間を追う感覚を持つことでモチベーションが維持できるでしょう。

6 【クイズ法③】
アウトプットかつ「財務諸表」から「ストーリー」

続いてはアウトプットという軸です。決算書からビジネスのストーリーを想起するという点です。

会計クイズで楽しみながら学ぼう！

『会計クイズを解くだけで財務３表がわかる 世界一楽しい決算書の読み方』（大手町のランダムウォーカー（著）、KADOKAWA）という書籍があります。

「日本人全員が財務諸表を読める世界をつくる」という素晴らしい目標を掲げている大手町のランダムウォーカーさんという方が発行した書籍です。これが会計本としてベストセラーとなりました。会計を学びたいという初心者にもわかりやすく会計が解説されています。

この書籍のポイントは、なんと言っても事例を通じたクイズであることです。例えば２から３社分の決算書の図（箱）を並べ、学生くん、営業さん、投資家さん、銀行員さんがそれぞれのビジネスの内容を会話しながら該当する会社を解答していく内容となっています。

例えば、ニトリ HD の貸借対照表はどれでしょう？　というような問題です。

なぜ、この会計クイズの書籍がベストセラーとなったのか？　それは下記の要因でしょう。

・シンプルな図解なのでわかりやすく会計を理解できる（決算書の５つの箱）。
・みんなが知っている有名企業の事例を通してのクイズ。
・謎解き感覚が楽しいしビジネスモデルが学べる。

特に３つ目の要素の謎解き感覚が大きいと思います。これが楽しくておもしろいのです。専門家である私も実際に解いてみると楽しいなという感覚に陥りました。解答を導くためのプロセスで、学生くん、営業さん、投資家さん、銀行員さんの会話の内容もヒットした原因だと思います。どの人のパターンも読者にあてはまる可能性が高く親近感がわくのでしょう。それぞれの人が、その企業のビジネスの特徴を会話しながら問題を解いていくわけです。

例えば、「ニトリは家具類を自社で製造しているはずだから固定資産が大きくなるはず」などの会話です。その結果、決算書から企業のビジネスモデルが楽しく理解できるというメリットを享受できるわけですね。

このことから、はっ！　と思った人はセンスがいいと思います。

ここで、本書の目的をもう一度確認しましょう。大事なので、何度だって繰り返しますよ！「ビジネスストーリーと決算書がリンクすること」でしたね。そうクイズを用いることによってこの目的が達成できるわけです。

実は、このような図解を用いた会計クイズ的な書籍は過去にもあったのですが、ここまでヒットしたのは大手町ランダムさんの書籍だけです。解答を導くための会話している人への読み手が感情移入しやすかったというのが大きな理由の１つでしょう。

そしてこの読み手というのは「会計の専門でない人」です。本書の対象者と同じなのですね。ですから、この方法を利用しないなんてもったいないと思ったわけです。

ベトナムの企業で会計クイズをやってみよう！

それでは、実際にベトナムバージョンでも試してみましょう。このクイズも前述の「マナホック」というプロジェクトを通じて実際にベトナムの日系企業の社長様に対して提供してきた問題です。

図表61の３つの貸借対照表のうち、ベトナム航空の貸借対照表はどれでしょうか？

実はこの問題は日本語１級でなおかつ簿記のスキルのあるベトナム人のインターン生につくってもらいました。弊社マナボックスベトナムのメンバーにも税務だけでなく会計スキルをもっと向上してほしいという気持ちがあったし、ベトナム人が企業を選んだほうが効果的だと思ったからです。このバージョン以外にも複数準備し、全部正解した人に対してちょっとしたギフトをプレンゼントする企画も実施し、楽しみながら学びました。

〔図表61　Qベトナムエアラインの貸借対照表はどれでしょう？〕

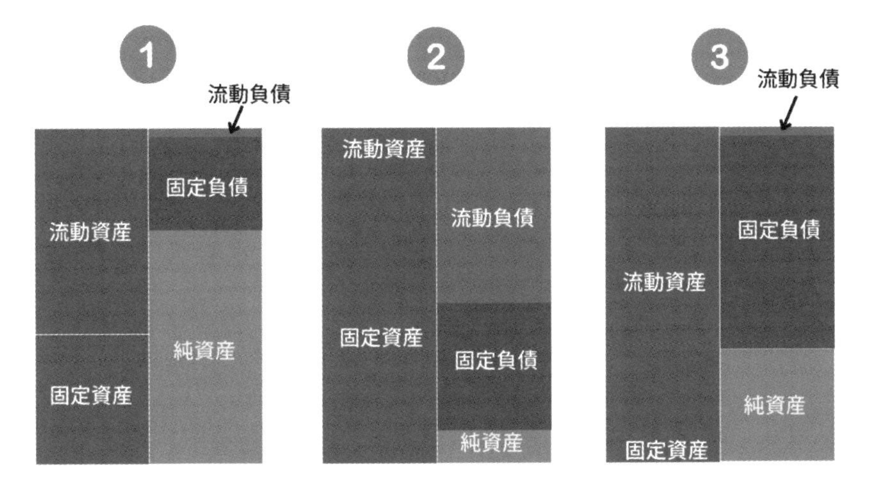

この３社はベトナムでとても有名です。ビナミルクはベトナム国内最大の乳製品のメーカーです。スーパーやコンビニで販売されている牛乳やヨーグルトのほとんどはビナミルク社製だと言っていいでしょう。私もよくベトナムのスーパーでヨーグルトを購入して食べています。日本で言うと、森永乳業株式会社や雪印メグミルク株式会社が該当すると思います。

モバイル・ワールド・インベストメントは、コンピュータ等電子機器の小売業を展開する会社で実店舗及びオンラインでの販売を行っています。ベトナム語は、スマートフォンやパソコンなどを購入することができます。日本で言えば、ヨドバシカメラ、ビックカメラ、ヤマダ電気が該当すると思います。

ベトナム航空（Vietnam Airline）は、ベトナムを代表する航空会社です。ベトナムで社長をやっている人であればもちろん知っていますよね。日本のJALやANAのイメージです。

この３つ貸借対照表の形を見るとそれぞれ特徴があることがわかります。①は流動資産も固定資産も大きく、右下の純資産も大きいです。②の最も特徴的な点は固定資産の金額が大きい点です。そうだとすると、設備などたくさん保有していそうです。そして③の気になる点は、流動資産が大きい点と言う点です。

それぞれのビジネスの特徴を想像してみましょう（図表62）。ビジネスをイメージする。これがポ重要なポイントです。

〔図表62　ベトナム３社のビジネスの特徴〕

今回の登場企業

ベトナムの最大手乳製品製造会社。生乳、粉乳、加糖乳、ヨーグルト類、アイスクリームなど、多種多様な乳製品の製造、卸売、小売を展開。

モバイル・ワールド・インベストメントは、主にコンピューターと電子機器の小売業を中心に小売販売業界で事業を運営するベトナムの会社。実店舗および電子店の形でいくつかの小売チェーンを運営
ベトナム語での会社名はテーゾイイジードン投資。

ベトナム航空はベトナムの国営の航空会社。日本のANAも出資している。

ビナミルクは乳製品を製造していることから、そのための設備が必要そうですね。そして製造した乳製品の保有も必要と推測できるので棚卸資産なども多く持っていそうです。ですから流動資産の金額も大きくなりそうです。

次にモバイル・ワールド・インベストメントはどうでしょう？　この会社はベトナム語でテーゾイイジードンといいます。よくベトナムの街の中で黄色い看板の家電屋さんを見かけると思います。この家電屋さんです。スマートフォンやパソコンを購入することができます。B to Cの小売店ですので電子機器を多く保有する必要がありそうですよね。店舗に関するコストで固定資産に該当する部分もありそうですが､おおきな設備などは必要なさそうです。

続いてベトナム航空です。飛行機を保有する必要がありますよね。航空機はリース機という場合もあるのでリース負債もあるかもしれません。また、コロナによる航空業界への影響は凄まじいものでした。移動が制限されることにより飛行機を利用する機会が大きく減少しました。これよって売上が大幅に減少し赤字もあったと予想できます。

そうすると貸借対照表の右下の利益剰余金の大きさは？　と推測することができますよね。貸借対照表と損益計算書はつながっています。もしピンと来なくても心配ありません。

第３章に戻って復習しましょう。

果たしてベトナム会計クイズの正解は？

正解は②がベトナム航空でした！　①がビナミルクで③がテーゾイジードンです（図表63）。

〔図表 63　図表 62 の正解〕

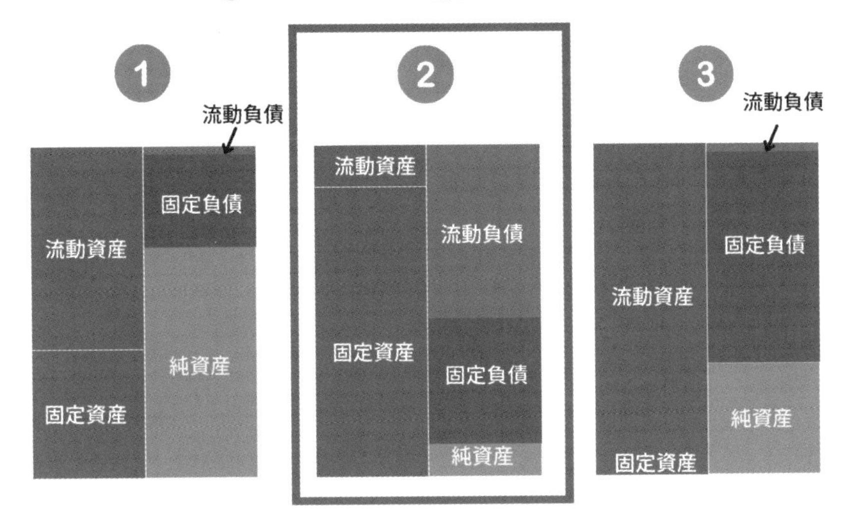

ビジネスの特徴と外部環境をじっくりと考えることがポイントです。どうでしょう？　楽しいですよね。

7 【歩行勉強④】アウトプットかつ「ストーリー」から「財務諸表」

続いて、アウトプットでストーリーから財務諸表をイメージする方法です。

事件は会議室で起きてるんじゃない！　現場で起きてるんだ

連続テレビドラマの劇場版「踊る大捜査線 THE MOVIE」での有名なセリフです。会計も同じです。本書で何度も何度も申し上げている通り、ビジネスが中心であり、それをお金で評価できるものが数値でレポートとして報告されるのが会計でした。

やっぱり、現場が重要です。なので、例えば製造現場に出向いて製造の状況などをチェックするのであれば、そこから必ず決算書とリンクさせてください。例えば、機械設備であれば、決算書の製造原価報告書のあの金額につながってくるんだな、とか、この製造過程の人件費は、あそこの勘定科目だな、などです。

その際、経営会議の内容とリンクさせると、より効果的です。「経営会議でコストの無駄遣いを指摘して、現場は知恵を絞ってコスト削減のアイデアを実行している。その結果が、決算書に結果として出ている」「みんなで勉強会したりクライアントを招いてセミナーを実施した結果、売上が増加している」

このように、現場に出て、その景色や従業員、スタッフの１人ひとりの顔をしっかりと見ながら、決算書も正しくイメージするのです。これによりあなたの会計力は、本当の意味で劇的に向上するでしょう。

ベトナムの社長の特権だ！　滅多にできない経験値

あなたの会社のビジネスストーリーを思い浮かべながら、「決算書の数値とあなたの行為の答え合わせする」という行為…。よくよく考えてみてください。

こんなこと、あなたが日本で課長や部長というポジションで業務をしていたときにできたでしょうか？　実施する必要もないですし、会社の業務の一部だけを担っているのでできないことがほとんどです。日本で経営会議に出席しても他人事としてしか捉えられないことがよくありますし、会社によって自社の決算書を見たことがない人もいるくらいです。

一方で、ベトナムでは社長であるためそれができちゃいます。

誤解を恐れずに言えば、会計こそ、ビジネスの醍醐味と表現してもいいくらいです。自分で意思決定したことが、結果として数値として現れる。そんな状況は海外、ベトナムだからこそ体験できるのです。

このように日本では絶対できなかったことを海外では経験できるんだ！とポジティブに考えてみてください。あなたの成長角度が高まること間違いありませんよね。

空欄のB/S及びP/Lを準備して数値を埋めよう！

現場を歩きながら決算書の数値とリンクさせる方法よりも、難易度が高いけどかなり効果的な方法をご紹介します。それは決算書の穴埋め法です。これを現場を歩きながら実施する方法も有用です。

本当の知識になるというのはあなたからアウトプットできるようになるということでしたね。普段、あなたは経理担当者や会計コンサルファームが作成した決算書を見て確認することがほとんどでしょう。しかし、申し訳ないですが、これだと受け身である点が否めません。言語の勉強で言うならば、テキストを読んでから単語を思い出すのと、何もないところから単語を思い出すというのでは全く意味が異なります。

例えば、前述した通り私は今ベトナム語を勉強しています。その際、日本語のリストをスマホのメモ機能で作成しそこからベトナム語の単語が話せるか？　書けるか？　という確認作業をしています。そうするとベトナム語の単語が出てこないことがよくあります。これではまだダメです。つまり想起できてないので、使いこなせないため深い知識とは言えません。

これと会計の学びも同様です。このために有効なのは、空欄の貸借対照表と損益計算書を準備し、各勘定科目の数字をざっくり埋めていくことです。社長様ならできるでしょ！　こんなの簡単だって思うかもしれません。ところがどっこい、ほとんどのケースで社長様はこの勘定科目の空欄を埋めることができません。「長期前払費用ってなんだろう？　そんな項目うちの会社にあったかな」「この未収入金は謎だ！」「棚卸資産って原材料だけ？」「粗利率も思い出せない」「人事・総務のあの子の給与や社会保険料はどこ？」「仮払付加価値税とはそもそも？」といった結果がほとんどです。

特に貸借対照表は悲惨な状況です。空白の貸借対照表とにらめっこしてペンが全く動かない。これでは、会計スキルが十分だとは言えません。

「毎月の月次決算が遅いんだよね～」と言って決算書を待っている社長様は、まず自分で空欄の財務諸表を埋めてみてそれと答え合わせしてみましょう。経理担当者の決算書の提出を待つ必要なんてありません。

では、ベトナムのような海外子会社において実際にどのような方法が有効か？　というのを私の経験を踏まえ簡単に解説していきます。ベトナムに進出のビジネスの典型例は製造のような業種です。

製造業の場合の歩行穴埋め法、まず現場に出よう

製造業の場合には。まず製造現場に出ましょう。実はこれができていない社長様が意外と多いです。というのは第２章で申し上げた通り、広い分野のタスクや書類関係の業務で多忙であることからよくあるからです。終日デスクワークで終了してしまった場合もあるでしょう。

しかし、ここまでお読みになってくださっているあなたであれば、それではダメだということを理解できているはずです。

まずは現場に出てモノを中心に見てください。製品、仕掛品、原材料、消耗品、大きな設備があるはずです。このとき、資産サイドばかり目に行きそうになりがちですが、右側の負債側の金額も無視してはいけません。支払いサイトの影響が貸借対照表出ているからです。

現場を見ながら空欄の決算書の各勘定科目の金額を埋めていきましょう。

続いて人に着目します。製造業のケースは油断していると人数が無駄に多くなってしまう場合があります。本当にこんなに人数が必要なのだろうか？みんなきちんと働いているのだろうか？　という視点で空欄の決算書を埋めて行くと、もしかしたら無駄な人員に気が付くかもしれません。逆に現場の

人たちが疲弊している様子に気が付くかもしれません。

ベトナム企業でよくある不正の悩みは歩行勉強法で解決できる？

実際にこの現場に出るという行為をしていなかったことが大きな原因で不正が発生してしまった事例もあります。具体的には架空仕入です。すなわち関連する書類（発注書や請求書等）は存在するが肝心のモノが会社に来なくお金だけ払うケースです。モノが来てないのでただでお金を配っているのと同様です。

『稲盛和夫の実学―経営と会計』（稲盛和夫著、日系ビジネス人文庫）の完璧主義を貫くという章にも現場に出ることの重要性が主張されています。これは不正発見に限りません。

確かに私のこれまでの経験でも現場に来ない経営者に交代してから会社の雰囲気が悪化し、業績が下がったという事例がありました。

不正の観点のみならず、この空欄の決算書を埋めるときに、第６章でお伝えした「金持ち父さん、貧乏父さんから視点で貸借対照表を読み取る方法」を思い出してください。お金が入ってくるか？　出て行くか？　という視点ですね。加えて見えない資産の視点で、会社としての価値が高まっているかという点も考えながら穴埋めしてみてください。従業員はやる気に満ち溢れているのかノウハウは蓄積されているのかといった視点を大切にしましょう。

第７章のまとめ

・会計知識を学ぶための２つのモチベーションアップ向上方法。あなたを主語にし、物語の力を借りる。あなた以外を主語にした「自己超越目標」を強く意識する。

・会計を経営に使える知識にするための学習方法のポイントは想起。思い出すこと。

・インプット・アウトプット及びストーリー・財務諸表という２つの軸による四象限マトリックスの会計実践学習方法を利用しよう。

・【構造入門】で会計の基本構造をしっかりと学ぶ。他の勉強方法で間違え不安になったら【構造入門】に何度も戻り復習する。

あとがき

最後までお読みいただきありがとうございます。本書の読者、つまり、ベトナムに進出している社長をはじめとして「会計の大切さや仕組み」「勉強方法」が1人でも多くの人に広まってもらえることが本書執筆のモチベーションでした。

私がインドに駐在員として赴任したときに会計を知らないと経営がうまくいかないという事実を目の当たりにしました。現在ベトナムで日系企業を支援しているときも同じ経験をしています。

会計を知らないで経営がうまくいかないということはあなたの従業員を不幸にしているのと同意義です。時に億を超える金額の損失を見過ごしていることがあります。最悪のケースとして倒産（会社の死）してしまった事例も見てきました。お金で私たちは幸福にはなれないかもしれないですが、不幸を防ぐことはできます。

「はじめに」で申し上げた通り、海外に駐在する社長は会計の専門家ではないことから、会計という視点がなく社長の業務を日々こなしている人が多くいます。日本市場が衰退していきグローバル化が避けられない今、海外で活躍するビジネスパーソンがもっと必要になってくるでしょう。その中でもっとも重要な武器の1つとなるのが「会計の知識」です。しかし会計は専門的な用語が多く専門家の執筆した書籍は難しくベトナムの社長様にとってハードルが高く、苦しい状況にありました。

そこでベトナムでビジネスをするための人に「会計はおもしろそうだから学ぶ」「なるほど！　そういうことだったんだ！」という本をつくりたいと思いました。

実際のビジネスのストーリーと感覚的に理解できるように多くの図解と数値をできる限り含めました。会計的に「正しい知識」であることが重要なのはもちろんですが「わかりやすさ」を重視しました。厳密に言うと会計的には 100％正しい表現を使ってない部分もあります。

本書では私が実際にインド時代及びベトナム時代に多くの「会計の知識の

なかった経営者」に対して使ってきた結果の出ているコンテンツだけに絞ってていねいに解説しました。

また本書に執筆するにあたって、マナボックスベトナムのベトナム公認会計士・税理士のメンバーにたくさん質問して教えてもらいながら進めました。仲間たちの手助けがなければ本書が完成することはありませんでした。大変感謝しています。ありがとう。Xin cảm ơn（シンカムオン）！

さらには、ライター & 編集者である兄の菅野浩二（株式会社ナウヒア代表）に文章の校正等で協力してもらいました。Google ドキュメントで直接修正してもらっていたので修正されるたびにメールで通知が来ると感謝の気持ちでいっぱいになりました。ありがとう。

会計の仕組みを一旦学んだら、4 つの勉強方法で繰り返しアウトプットすることをしてください。挫けそうになっても自社のビジネスに精通しているのは誰だ？　と自問自答してみてください。またあなたの会社のスタッフの幸せを思い浮かべてみてください。きっと意欲が湧いてくるはずです。私のこれまでの支援の感覚ですが、正しい勉強方法をすればたった 3 ヶ月くらいで会計の基礎が出来上がり、会計と経営の会話がスムーズにいくようになります。

またテクノロジーの著しい発展を背景に社会が大きく変化するなか求められるスキルが目まぐるしく変わる中でも「会計」の知識は普遍的でありビジネスの共通言語であり続けるでしょう。この武器を 1 人でも多く手に入れれば日本経済が再び盛り上がるきっかけになるかもしれませんし、社会に大きなインパクトを残せる可能性が大きくなるはずです。

本書が、少しでも多くの人にとって「会計を使って行動を起こす」機会になれば幸いです。

菅野　智洋

著者略歴

菅野　智洋（すげの　ともひろ）

1979年福島県二本松市出身
マナボックスベトナム　代表取締役　日本国公認会計士

2006年から、国内大手監査法人であるみすず監査法人、ＰｗＣあらた監査法人にて約７年間、主に製造業の監査業務や内部統制業務に従事。2013年よりインドの日系の自動車部品メーカーの財務責任者として、製造原価の管理や内部統制構築、人事労務に携わる。2016年よりベトナムで日系企業の進出支援や進出後の会計・税務を支援するマナボックスベトナムに出資者兼共同経営者として参画。マナボックスベトナムは教育も含め延べこれまで250社以上を支援。2021年より経営管理ツール（契約書雛形や計算シートテンプレート）を開発する研究所「マナラボ」及び学びでベトナム事業を支える「マナホック」プロジェクトを開始。ベトナム現地社長に会計とビジネスの楽しさを伝える活動をしている。

日系社長の経営力を格段に上げる！
ベトナム会計のトリセツ

2023年１月19日　初版発行

著　者　菅野　智洋　© Tomohiro Sugeno
発行人　森　　忠順
発行所　株式会社 セルバ出版
〒113-0034
東京都文京区湯島１丁目12番６号 高関ビル５Ｂ
☎ 03（5812）1178　　FAX 03（5812）1188
https://seluba.co.jp/
発　売　株式会社 三省堂書店／創英社
〒101-0051
東京都千代田区神田神保町１丁目１番地
☎ 03（3291）2295　　FAX 03（3292）7687

印刷・製本　株式会社 丸井工文社

Printed in JAPAN
ISBN978-4-86367-791-3